AF388726

TABLE

DES MATIÈRES CONTENUES

DANS LA COLLECTION

DE L'ACADÉMIE DELPHINALE

(1787-1886)

TABLE

MÉTHODIQUE ET ALPHABÉTIQUE

DES MATIÈRES CONTENUES

DANS LES

MÉMOIRES, BULLETINS ET AUTRES DOCUMENTS

PUBLIÉS PAR L'ACADÉMIE DELPHINALE

DEPUIS SA FONDATION JUSQU'A CE JOUR

(1787-1886)

PAR M. A. PIOLLET

Membre de l'Académie Delphinale.

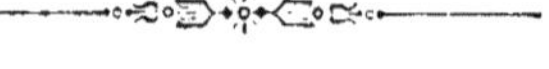

GRENOBLE

IMPRIMERIE F. ALLIER PÈRE ET FILS

GRANDE-RUE, 8, COUR DE CHAULNES.

1889

AVERTISSEMENT

La Société littéraire qui porte aujourd'hui le nom d'*Académie delphinale* a publié, depuis sa fondation, quarante volumes ou fascicules de bulletins, mémoires et documents divers. A de rares exceptions près, chacun de ces volumes est accompagné d'une table contenant la nomenclature des pièces dont il se compose. Mais outre qu'elles ne sont pas toutes conçues sur le même plan, il est aisé de se rendre compte qu'à mesure que leur nombre augmente, ces tables séparées tendent à devenir de plus en plus inutiles, à raison de la nécessité où l'on se trouve, pour la moindre recherche, de les compulser toutes successivement. Depuis longtemps une table générale, permettant d'embrasser pour ainsi dire d'un seul coup l'œil toutes les publications de la Société, était instamment réclamée par les personnes qui ont à consulter sa collection. C'est en vue de déférer à ce vœu que nous avons entrepris cette tâche, sans nous dissimuler d'ail-

leurs les difficultés et les périls de l'entreprise. Dans ur
table, en effet, les inexactitudes sont à la fois très facil
à commettre et très difficiles à apercevoir, une fois cor
mises. Aussi, malgré tout le soin que nous y avor
apporté, nous ne nous flattons pas assurément d'avo
rendu ce travail exempt de toute imperfection. Tel qu
est toutefois nous le livrons au public avec confianc
espérant qu'il aura pour résultat d'épargner aux trava
leurs de longues et fastidieuses recherches, et aussi (
faire mieux connaitre, de rendre en quelque sorte plu
accessible une collection qui, malgré les critiques do
elle a pu être l'objet, n'en renferme pas moins des travau
utiles et de consciencieuses études.

Quelques détails bibliographiques sont ici nécessair
pour l'intelligence des abréviations dont nous avons (
faire usage.

Les publications faites par la Société depuis son or
gine se divisent en plusieurs catégories distinctes corre
pondant aux diverses phases de son existence.

I. Première période. — Ancienne Académie delphinale (1772-1793).

A) Les premières dans l'ordre chronologique sont l
Mémoires de la Société littéraire de Grenoble (ou ancieni
Académie delphinale), comprenant trois volumes publi
en 1787, 1788 et 1789 : ils sont désignés à la table p:
les abréviations : M. 1, M. 2 et M. 3.

Ces mémoires ont été publiés en deux formats, in-8°
in-4° : en voici la description exacte :

Édition in-8°.

Tome 1 : MÉMOIRES | DE LA SOCIÉTÉ | LITTÉRAIRE | DE GRENOBLE. | PREMIÈRE PARTIE. | A GRENOBLE, | chez J. ALLIER, imprimeur-libraire de la Société, | ET A LYON, chez les FRÈRES PERISSE, | Libraires, rue Mercière. | 1787. | *Avec Permission.* — 1 vol. in-8° : 2 feuillets non chiffrés ; 244 pages chiffrées.

Tome 2 : MÉMOIRES | DE LA SOCIÉTÉ | LITTÉRAIRE | DE GRENOBLE. | SECONDE PARTIE. | A GRENOBLE, | chez J. ALLIER, imprimeur-libraire de la Société, | ET A LYON, chez les FRÈRES PERISSE, | Libraires, rue Mercière. | 1788. | *Avec Privilège.* — 1 vol. in-8° : 1 f. non chiff. ; 294 pp. chiff. (1 à 225 et 3 à 69).

Tome 3 : MÉMOIRES | DE LA SOCIÉTÉ | LITTÉRAIRE | DE GRENOBLE. | TROISIÈME PARTIE. | A GRENOBLE, | chez J. ALLIER, imprimeur-libraire de la Société. | A LYON, chez les FRÈRES PERISSE, | Libraires, rue Mercière. | ET A PARIS, chez BUISSON, libraire, | Rue Haute-Feuille, hôtel Coëtlosquet, n° 20. | 1789. | *Sous le Privilège de la Société Littéraire.* — 1 vol. in-8° ; 2 ff. non chiff. ; 102 pp. chiffrées, 1 f. non chiff., 76 + 78 pp. chiffrées. — N[a] : sur le 2e feuillet non chiffré on trouve les titres et les prix des trois parties des Mémoires (édition in-8°), avec la mention suivante, *in fine : Ces Mémoires sont également imprimés in-4° sur papier superfin, et chaque partie coûte 6 livres, brochée.*

Ce volume, qui contient les trois Éloges de Bayard par MM. Gautier, Gagnon et Dochier, a été réimprimé plus tard, mais sans les deux premiers feuillets non chiffrés contenant le titre d'ensemble et les renseignements sur

les prix des Mémoires de la Société littéraire. Les vignettes et les caractères indiquent que cette réimpression, d'ailleurs absolument textuelle, est postérieure à l'an IV, car à cette époque l'imprimerie Allier se servait encore des caractères employés dans l'édition originale de notre volume (V. le 1er Règlement du Lycée) ; dès l'an VII, au contraire, ses caractères sont tout à fait semblables à ceux de la réimpression (V. l'arrêté du 1er messidor an VII)[1].

Enfin, à une époque plus récente encore, à en juger par le papier et les caractères, le même libraire a imprimé une plaquette de 21 pages numérotées en chiffres romains (i à xxi), destinée à remplacer les deux feuillets non chiffrés de l'édition originale, et contenant, avec un titre conforme à celui des deux premières parties, sauf la date (1789), et le fleuron central qui diffère, le procès-verbal de la séance du 5 février 1789, ainsi qu'un certain nombre de discours ou extraits de discours prononcés par MM. Gagnon et Savoye de Rollin[2]. Le volume ainsi complété est un in-8° de xxi + 102 + 76 + 78 pp. chiffrées.

Édition in-4°.

Tome 1 : MÉMOIRES | DE LA SOCIÉTÉ | LITTÉRAIRE | DE GRENOBLE. | PREMIÈRE PARTIE. | A GRENOBLE, | chez

---

[1] L'édition originale se distingue de la réimpression en ce qu'à la suite du mémoire de M. Gautier (p. 102) il y a un errata qui ne se trouve pas sur cette dernière.

[2] Ce sont les matières contenues dans les pages i à xxiv de l'édition in-4°, mais disposées dans un ordre un peu différent (voir les tables particulières de ce volume). Par suite d'une singulière omission, ces matières n'avaient pas été reproduites dans l'édition originale in-8°.

J. ALLIER, imprimeur-libraire de la Société. | 1787. | *Avec Permission* (1 vol. in-4°, 1 f. non chiff., 176 pp. chiff.).

Tome 2 : MÉMOIRES | DE LA SOCIÉTÉ | LITTÉRAIRE | DE GRENOBLE. | SECONDE PARTIE. | A GRENOBLE, | chez JOSEPH ALLIER, imprimeur-libraire de la Société, | Cour de Chaulnes. | 1788. | *Avec Privilège.* (1 vol in-4° de 171 + 48 pp. chiff.).

Tome 3 : MÉMOIRES | DE LA SOCIÉTÉ | LITTÉRAIRE | DE GRENOBLE. | TROISIÈME PARTIE. | A GRENOBLE, | chez J. ALLIER, imprimeur-libraire de la Société. | 1789. | *Sous le Privilège de la Société Littéraire.* (1 vol in-4° de XXIV + 185 pp. chiff.).

Ces trois volumes étant dépourvus de tables, l'Académie en a fait imprimer une pour chacun, dans les formats in-8° et in-4°, de telle sorte que les possesseurs de ces Mémoires pourront aisément les ajouter dans leurs exemplaires.

B) Au mois de février 1789 l'Académie a publié un *Programme* contenant le compte rendu de la séance du 5 du même mois, et indiquant les trois questions mises au concours pour l'année suivante (3 pp. non chiff., in-12 ou petit in-8°). Cette pièce ne donnant pas d'autres renseignements que ceux qui se trouvent dans le troisième volume des Mémoires, pp. XIII-XV, et étant d'ailleurs à peu près introuvable, nous n'avons pas cru devoir la mentionner dans notre table.

C) En 1790 la Société a fait imprimer un fascicule de 32 pp. chiff., format in-4°, contenant, outre une courte introduction (page 1) : 1° les Lettres patentes du mois de novembre 1780 approuvant l'établissement à Grenoble

d'une Bibliothèque publique et la constitution d'une Société littéraire (page 3)[1] ; 2° celles du mois de mars 1789, accordant à cette société le titre d'Académie delphinale et lui donnant un règlement (page 9) ; 3° la liste des membres de l'Académie en 1790 (page 25).

Ce sont là, on le voit, des documents importants au point de vue des origines et de l'histoire de l'Académie, d'autant plus que les deux derniers n'ont été publiés, du moins à notre connaissance, que dans la plaquette que nous venons de décrire. Cette plaquette elle-même est devenue fort rare ; en outre, son format in-4° ne permet pas de la joindre commodément au reste de la collection. Pour ces divers motifs, il a paru utile d'en faire faire une réimpression dans le format in-8°. Cette réimpression est d'ailleurs absolument textuelle : elle reproduit page par page et ligne par ligne la plaquette originale[2].

Cet opuscule est désigné à la table par la lettre A.

B. Lycée et Société des Sciences et des Arts (1796-1806).

A partir de 1790 les publications et les séances même de l'Académie furent interrompues par suite des événements politiques. En 1793 un décret de la Convention supprima toutes les Sociétés savantes. Mais dès que le calme commença à renaître, un certain nombre de citoyens

---

[1] Ces lettres patentes avaient déjà été publiées dans le Recueil de Giroud, tome 26, n° 110.

[2] On la trouvera à la suite de la table, avec une pagination spéciale, conforme à celle de la plaquette in-4°.

se réunirent chez le professeur Villars, membre de l'ancienne Académie, pour fonder une nouvelle Société littéraire, sous le nom de *Lycée des Sciences et des Arts de la ville de Grenoble*. Au mois de floréal an IV (avril-mai 1796), ils sollicitèrent pour la nouvelle association l'autorisation ou l'approbation administrative. Cette approbation fut accordée : 1º par l'administration municipale, le 1er prairial an IV ; 2º par l'administration centrale de l'Isère, le 15 du même mois ; 3º et 4º par les ministres de l'Intérieur et de la Police générale, les 11 messidor et 3º complémentaire an IV. Un local fut affecté à ses séances dans les bâtiments de l'ancien évêché, par arrêté de l'administration départementale du 21 brumaire an VI.

La société se trouva ainsi régulièrement constituée.

Ses débuts furent modestes. Lors de sa première réunion chez le citoyen Villars elle ne comptait pas plus de neuf membres. Mais le nombre de ses adhérents ne tarda pas à s'accroître. Dès que les circonstances le permirent le Lycée s'empressa d'ouvrir ses portes à ceux des membres de l'ancienne société que la mort ou la proscription n'avaient pas atteints. A la séance du 1er messidor an VIII (20 juin 1800), dix anciens sociétaires de l'Académie furent reçus simultanément[1], et le 24 décembre suivant M. Ricard, préfet de l'Isère, alors président du Lycée,

---

[1] C'étaient MM. Gagnon, médecin, l'abbé Ducros, Jourdan, l'abbé Gattel, du Bouchage, Dupuy de Bordes, Dausse, de Lacoche, de La Grée et le marquis de Viennois. MM. Prié, de Barral, Faure de Beauregard, Dolomieu, Lenoir-Laroche, Savoye de Rollin et d'autres encore avaient déjà été admis antérieurement ; MM. Renauldon, Achard de Germane, etc., le furent peu de temps après.

proclama d'une manière en quelque sorte officielle la fusion définitive des deux Sociétés[1].

En l'an X, une loi ayant décidé que le nom de *Lycée* serait réservé à l'avenir aux seuls établissements d'instruction publique[2], l'association littéraire de Grenoble dut échanger son titre primitif contre celui de *Société des Sciences et des Arts*[3]. C'est sous ce nom qu'elle a vécu sous le Consulat, sous l'Empire et jusqu'aux premières années de la Restauration.

Pendant cette période la Société n'a pas publié de bulletin de ses séances : elle s'est bornée à faire transcrire les mémoires, dissertations et autres ouvrages lus ou communiqués par ses membres sur un registre qui malheureusement a aujourd'hui disparu. Toutefois elle a fait imprimer, à diverses époques, sous forme de plaquettes ou recueils, son règlement, divers arrêtés la concernant, la nomenclature de ses membres et celle des ouvrages lus à ses séances jusqu'en 1806. Voici la description détaillée de ces différentes pièces, dont la plupart sont aujourd'hui devenues fort rares.

§ 1er. *Lycée des Sciences et des Arts (1796-1802)*.

A) La première publication du Lycée porte le titre suivant : RÈGLEMENT | DU | LYCÉE DES SCIENCES | ET DES ARTS | De la commune de Grenoble. | A GRENOBLE, | De l'imprimerie de J. ALLIER, imprimeur | du Lycée. |

---

[1] Archives de la Société, an VIII. Voyez aussi aux mêmes archives les discours prononcés par MM. Gagnon et de Lasalette aux séances des 29 pluviôse et 2 germinal an IX et 3 nivôse an X.

[2] Loi du 11 floréal an X, art. 11.

[3] Délibération du 30 prairial an X (archives ; — S. 1. 4 S. 2. 2).

An 4e de la République Française. — C'est une brochure in-8º de 14 pages chiffrées : elle contient, outre le règlement, l'arrêté de l'administration centrale de l'Isère approuvant l'établissement du Lycée (p. 12).

Elle est désignée à la table par l'abréviation : L. 1.

B) La seconde est un arrêté du Lycée, en date du 1er messidor an VII (19 juin 1799), réglant l'ordre à suivre dans les séances publiques de la Société. Il est intitulé : LYCÉE | DES SCIENCES | ET DES ARTS | *De la commune de Grenoble.* | Séance du premier messidor an sept. | — *In fine :* A GRENOBLE, chez J. ALLIER, Imprimeur. — C'est une brochure in-8º, de 4 pp. chiffrées. — Il résulte des archives de la Société (an VII, pièce justificative nº 9), qu'elle a été imprimée *le 8 messidor an VII.*

Elle est désignée à la table par l'abréviation : L. 2.

C) La troisième est une plaquette in-8º de 32 pp. chiff., sans titre d'ensemble, et composée des parties suivantes : 1º SUPPLÉMENT | *Au Règlement du Lycée, et aux titres* | *constitutifs de son établissement* (pages 1 à 12) ; 2º NOTICE | *des mémoires, discours, rapports, etc.* | *lus ou envoyés au Lycée depuis son* | *établissement, jusqu'au 30 thermidor* | *an 7, époque de la première séance* | *publique, dans laquelle cette notice a* | *été présentée* (pp. 13 à 20) ; 3º TABLEAU | *des Membres ordinaires du Lycée, au* | *1er complémentaire an 7, avec la date de* | *leur réception* (pp. 21 à 24) ; 4º TABLEAU | *des associés étrangers ou correspondans,* | etc. (pp. 25 à 29) ; 5º TABLEAU | *Des officiers du Lycée, avec la date de* | *leur nomination* (p. 30). — *In fine :* De l'Imprimerie de J. ALLIER, imprimeur du Lycée. — Il résulte des archives de la Société (an VIII, pièce justificative nº 4), que cette plaquette a été imprimée au mois de vendémiaire ou de brumaire an VIII.

Elle est désignée à la table par l'abréviation : L. 3.

Pour permettre de réunir les trois plaquettes ci-dessus le Lycée a publié, à la même époque, un quatrième imprimé consistant en deux feuillets non numérotés qui comprennent : 1° au recto du 1er feuillet, un titre général ainsi conçu : RECUEIL | *des Règlements et titres du Lycée | des Sciences et des Arts de la | commune de Grenoble, auxquels | on a joint la Notice des Mémoires | lus jusqu'à l'an huit, et le Tableau | des membres ordinaires, asso- cié (sic), | étrangers, etc.* : 2° au verso du 1er feuillet, une *Table des pièces de ce Recueil,* divisée en trois numéros correspondant aux trois plaquettes dont il s'agit ; 3° sur le 2e feuillet, le *Discours prononcé par le citoyen Dubois- Fontanelle, président du Lycée, à la première séance pu- blique, tenue dans la grande salle du Musée, le 30 ther- midor, an sept.* — Les trois brochures ci-dessus décrites ont été ainsi réunies en une seule, composée de 2 ff. non numérotés et de 14+4+32 pages chiffrées.

D) Le Lycée a fait imprimer ensuite, le 19 floréal an VIII[1], un arrêté relatif à la distribution des jetons (4 pp. in-8°, chiff.), intitulé : EXTRAIT | *Des registres du Lycée des Sciences | et des Arts de Grenoble.* | — Séance du 21 germinal an 8. — ARRÊTÉ *relatif à la distribution des jettons* (sic) | *que le Lycée avait ordonnée dans ses précé | dentes séances.* — Cet arrêté n'a pas été compris dans le Recueil publié en l'an X par la Société des Sciences et des Arts, parce qu'après une courte expé- rience on crut devoir renoncer au système des jetons de présence (V. arrêté du 2 germinal an IX, aux archives de

---

[1] Archives de l'Académie, an X, pièce justificative n° 6.

l'Académie). Aussi avons-nous jugé inutile de le mentionner à la table.

E) Enfin le 1er ventôse an IX (20 février 1801)[1], le Lycée fit imprimer un Règlement nouveau où se trouvaient refondues les dispositions supplémentaires successivement adoptées depuis la publication du premier (in-8º, 11 pp. chiff., avec la mention *in fine* : A Grenoble, chez J. Allier, imprimeur ; (s. d.). Ce règlement n'a pas dû être distribué, ou a dû être retiré presque aussitôt, la loi du 11 floréal an X (1er mai 1802) ayant décidé que le nom de *Lycée* devait être exclusivement réservé à l'avenir aux établissements d'éducation publique. L'imprimé a dû être détruit : je n'en connais pas d'exemplaire complet. — Il n'en est pas fait mention à la table.

§ 2. *Société des Sciences et des Arts (1802-1806).*

A) A la suite du changement de nom prescrit par la loi de l'an X, la Société publia une nouvelle plaquette dont voici le titre : SOCIÉTÉ | DES | SCIENCES ET DES ARTS | DE LA VILLE DE GRENOBLE | (CI-DEVANT LE LYCÉE.) | RECUEIL contenant le Règlement, le | Tableau des membres ordinaires ou cor- | respondans, celui des officiers de la | Société, la notice de leurs ouvrages, etc. | A GRENOBLE, | Chez J. ALLIER, imprimeur de la Société. | AN X (in-8º : 72 pp. chiff. + 2 ff. non chiff. contenant la table et un brevet de nomination portant le timbre de la Société, et signé du président et du secrétaire). Cette plaquette est souvent accompagnée d'une

---

[1] Archives de l'Académie, loc. cit. — Ne serait-ce pas plutôt le 1er ventôse an X (20 février 1802) ?

lettre d'envoi imprimée, timbrée et signée comme le brevet ci-dessus, datée du 18 fructidor an X (2 ff. in-8°).

Elle est désignée à la table par l'abréviation : S. 1.

B) Quatre ans plus tard la Société publia une nouvelle édition de la brochure précédente, donnant les mêmes documents et renseignements continués jusqu'au jour de la publication. En voici le titre : SOCIÉTÉ DES SCIENCES ET DES ARTS | DE LA VILLE DE GRENOBLE, | Instituée en l'an IV (1796) sous le nom | de LYCÉE. | RECUEIL *contenant le Règlement, le Tableau | des membres résidans et correspondans, | une notice des Ouvrages lus et envoyés à la | Société. etc.* | 1er avril 1806. | A GRENOBLE, | Chez J. ALLIER, imprimeur de la Société (in-8° : 2 ff. non chiff. + 95 pp. chiffrées, + 2 ff. non chiff. p. la table).

Elle est désignée à la table par l'abréviation : S. 2.

C) La Bibliothèque de la ville de Grenoble possède un certain nombre de pièces (affiches et feuilles volantes) publiées par la Société des sciences et des arts, de 1806 à 1814. Voici la nomenclature de ces pièces :

1° *Programme d'un prix proposé par la Société des sciences et des arts de Grenoble.* — Sujet : Mémoire sur la minéralogie du canton de l'Oysans. — Grenoble, Allier, s. d. (1806) : [affiche] ;

2° *Id. ; ibid.* — Grenoble, Allier, s. d. (1808) : 3 pages in-4°. Cette pièce a été publiée aussi sous forme d'affiche. C'est la reproduction de la précédente, sauf que le terme du concours est prorogé jusqu'au 1er juin 1808.

3° *Programme d'un prix proposé par la Société des sciences et des arts.* — Sujet : Histoire des Allobroges et des Voconces prouvée par les monuments et les auteurs. — Grenoble, Allier, 23 janvier 1810 ; 3 pages in-4°.

4° *Programme d'un prix proposé.* etc. — Grenoble,

Allier, 29 mai 1811 ; 3 pages in-4°. Cette pièce rappelle la précédente, dont elle reproduit les principales énonciations, et proroge le terme du concours jusqu'au 1er janvier 1812 ;

5° *Séance publique du 30 août 1813.* — Ordre des lectures, etc. ; annonce d'un nouveau prix mis au concours. Grenoble, Allier (s. d.), 2 pp. in-4° ;

6° *Jugement du concours de 1813 sur l'Histoire des Allobroges et des Voconces :* 3 pp. in-4° [1].

Chaque année la Société publiait, sur une feuille petit in-4°, la notice des élections faites dans le courant de l'année : cette notice était adressée à chacun des membres. Elle a fait imprimer, en outre, des lettres d'envoi, de convocation, tableaux des candidats présentés et autres documents analogues ; on comprend pourquoi ces diverses pièces n'ont pas trouvé place dans notre travail.

Il existe enfin un certain nombre d'opuscules (pièces de vers, mémoires ou rapports), imprimés par Allier ou par autres, avec la mention qu'ils ont été lus à des séances de la Société, ou même que celle-ci en a autorisé l'impression ; voyez par exemple : *Le Temps ramenant la Paix, Ode,* par M. Laurence ; 8 pp. in-4°, s. l. n. d. (Grenoble, Allier, an IX) ; — *Rapport fait à l'Académie de Grenoble sur les espèces de poissons particulières au département de l'Isère, sur la vipère et sur le scorpion,* par M. Jullien ; Grenoble, Allier, s. d. (1810) : 12 pp. in-8° ; — *Notice sur les diverses contrées du département de l'Isère qui sont connues sous un nom spécial,* par MM. Ber-

---

[1] Le prix a été décerné à M. Alexandre Bourgeat, avocat à Grenoble, auteur du mémoire n° 2, et l'accessit à M. Denis Morelot, docteur en médecine à Beaune, auteur du mémoire n° 1.

riat Saint-Prix et Champollion-Figeac ; Grenoble, Allier
1811 ; lue à la séance du 23 janvier 1810 (15 pp. in-8º) ;
— *Mémoire sur des roches coquillières trouvées à la cim*
des Alpes dauphinoises et sur les colonnes d'un temple d
Serapis, près Naples, par M. B*** (J. Barral, de Seyssins
colonel du génie), lu à la Société des sciences et des art
de Grenoble, le 4 (14) avril 1812 ; Grenoble, Vᵛᵉ Peyre
nard (26 pp. in-8º) ; et probablement plusieurs autres
Mais nos vérifications dans les archives de l'Académi
nous ont prouvé que les frais de ces publications n'or
pas été faits par la Société. Il n'y avait donc pas lieu d
les faire figurer dans cette bibliographie spéciale.

III

Après la chute de l'Empire les séances de la Sociét
devinrent de plus en plus rares. Le renouvellement d
bureau cessa d'avoir lieu aux époques fixées par le règlement [1] : enfin, à partir de 1823, l'existence même de l
Société n'est plus mentionnée sur l'*Almanach de la Cou*

En 1836, grâce à la sollicitude éclairée de l'administra
tion municipale, la Société sortit de sa léthargie. Sur l
convocation de M. Berriat, alors maire de Grenoble, ceu
de ses anciens membres qui habitaient encore la ville s
réunirent dans une salle de la mairie [2]. Des adhésion
nouvelles furent recueillies et la Société fut reconstituée

---

[1] La composition du bureau n'a pas varié depuis 1815 (Voyez le
annuaires de 1815 à 1823).

[2] Cette première réunion a eu lieu le 10 mai 1836.

d'abord sous le nom qu'elle portait en dernier lieu, puis sous celui d'*Académie delphinale,* qu'elle a été autorisée à reprendre en 1844.

A la séance du 6 août 1841 il fut arrêté qu'un bulletin des travaux de la Société depuis sa réorganisation serait publié régulièrement à l'avenir. Ce bulletin devait être semestriel. L'année suivante, en effet, parut une première livraison intitulée : BULLETIN | DE LA | SOCIÉTÉ DES SCIENCES ET DES ARTS | DE GRENOBLE. | TOME I. | GRE-NOBLE, | IMPRIMERIE DE PRUDHOMME, | RUE LAFAYETTE, 14 | 1842. Tel fut le début de la première série de notre *Bulletin* actuel.

En 1846, les livraisons parues jusque-là furent réunies pour former le premier volume de la première série, avec un nouveau titre portant la date de 1846, et dans lequel les mots : *Bulletin de la Société des sciences et des arts de Grenoble,* sont remplacés par ceux-ci : *Bulletin | de | l'Académie delphinale.* Les exemplaires complets de ce premier volume ont donc un double titre et un double faux-titre.

Le second volume de cette série fut publié en 1847, le troisième en 1850, le quatrième en 1856, et le cinquième en 1859[1].

Cette première série se compose donc de cinq volumes (1846-1859). Elle est désignée à la table par le chiffre romain I ; le nombre qui suit, en chiffres arabes, indique le numéro du volume ; le second nombre, et les suivants, s'il y a lieu, indiquent la ou les pages. Ainsi, les abrévia-

---

[1] Il convient d'observer que, bien que publié en 1859, ce volume ne rend compte des travaux et des séances de la Société que jusqu'au 1er janvier 1856.

tions suivantes : I. 2. 387, signifient : *Bulletin de l'Académie delphinale*, 1re série, tome 2, page 387 ; I. 3. 11, 351, signifient : *Bulletin de l'Académie delphinale*, 1re série, tome 3, pages 11 et 351, et ainsi de suite.

La deuxième série se compose de trois volumes seulement, datés de 1860, 1863 et 1864 ; elle est désignée à la table par le chiffre : II.

La troisième série, commencée en 1865, compte aujourd'hui vingt volumes, parus régulièrement chaque année, sauf en 1881, époque à laquelle la situation financière de la Société ne permit pas de faire face à cette dépense. Cette série est désignée à la table par le chiffre : III.

Enfin la Société a publié, en 1865, 1868 et 1875, trois volumes de documents inédits, désignés à la table par la lettre : D.

Signalons, en terminant, diverses anomalies de pagination qui ont nécessité l'emploi de quelques autres abréviations dont le lecteur trouvera aisément la clef à l'aide des explications qui vont suivre.

Le premier et le deuxième volumes de la première série se terminent, l'un par un *Rapport sur un ouvrage de M. Joseph Rey*, et l'autre par une *Notice sur la vie et les ouvrages de M. Berriat Saint-Prix*, dont la pagination ne fait pas suite à celle du volume. Ces deux opuscules imprimés à part avant le volume lui-même, ont été ajoutés après coup à tous les exemplaires, dont ils font ainsi partie intégrante.

Le tome 18 de la troisième série se divise en deux parties comprenant, la première, XXII et 208 pages, et la seconde, CXIV et 602 pages, plus un feuillet d'errata. Cette seconde partie est consacrée à l'*Histoire de l'Imprimerie et des Imprimeurs à Grenoble du XVe au XVIIIe siècle, par*

M. Ed. Maignien, conservateur de la Bibliothèque de cette ville. L'importance exceptionnelle de ce travail explique et justifie la division du volume en deux parties. A la table, les renvois à ce volume ont dû être indiqués de la manière suivante : III. 18, 1re partie, ou III, 18, 2e partie.

Enfin, le deuxième volume des Documents inédits se compose de cinq parties ou livraisons, portant les n°s 3 à 7, et ayant chacune sa pagination distincte. La première partie, ou 3e livraison, a pour titre : *Tituli ecclesiæ beatæ Mariæ Diensis et Chartularium civitatis Diensis* (XLVII et 194 pages). — La seconde (livraison 4) est le *Nécrologe du prieuré de Saint-Robert-de-Cornillon* (XX et 84 pages). — La troisième (livraison 5) est intitulée : *Hagiologium et Chronica duo antistitum Viennensium, et Chronicon episcoporum Valentiniensium* (VIII et 45 pages). — La quatrième (livraison 6) a pour titre : *Chartularii Monasterii Sancti Theofredi excerpta* (IX et 60 pages). — La cinquième (livraison 7) renferme les *Pouillés des diocèses de Vienne, de Valence, de Die et de Grenoble* (IX et 70 pages).

ABRÉVIATIONS ET SIGNES CONVENTIONNELS

Abrévia-
tions.

3 volumes ou parties.	Mémoires de la Société littéraire de Grenoble ou ancienne Académie delphinale (1787-1789)...................	M.
1 plaquette de 30 pp.	Lettres patentes constituant la Société littéraire et lui conférant le titre d'Académie delphinale : règlement, liste des membres (1790)	A.
9 fascicules réunis sous un titre commun.	Recueil publié par le Lycée des Sciences et des Arts (an VIII).................	L.
1 plaquette de 73 pp.	Premier Recueil publié par la Société des Sciences et des Arts (an X).......	S. 1.
1 plaquette de 97 pp.	Deuxième Recueil (1806)..............	S. 2.
5 volumes (1846-1859).	Bulletin de l'Académie delphinale actuelle, 1re série	I.
3 — (1861-1864).	Id.. 2e série.........................	II.
20 — (1865-1886).	Id., 3e série.........................	III.
3 — (1865-68-75).	Documents inédits....................	D.
40 volumes ou plaquettes.		
	Membre résidant (ou ordinaire).........	m. r.
	Membre correspondant (associé étranger, associé libre)...................	m. c.

Le premier nombre en chiffres arabes indique le numéro du volume [1] ; les autres indiquent la ou les pages. Ainsi l'abréviation : M. 2. 41 signifie : *Mémoires de la Société littéraire, 2e volume (ou 2e partie), page 41* ; — *L. 3. 21, 25, Recueil du Lycée, 3e partie (ou n° 3), pages 21 et 25* ; — *S. 1. 27, Société des Sciences et des Arts, 1er recueil (ou Recueil de l'an X), page 27* ; — *I. 2. 98, 120, 460, Bulletin de l'Académie delphinale, 1re série, tome 2, pages 98, 120, 460* ; — *D. 3. 68, Documents inédits, 3e volume, page 68* ; — et ainsi de suite.

L'astérisque * indique que la publication précédée de ce signe n'est pas insérée *in extenso* au *Bulletin*, et qu'on n'y trouvera qu'un résumé ou une analyse plus ou moins détaillée de cette publication.

Lorsqu'un ouvrage n'est mentionné au *Bulletin* que par son titre seulement, nous l'indiquons en faisant précéder ce titre d'un double astérisque **.

---

[1] Par *volume* il faut entendre chacun des tomes, parties ou fascicules ci-dessus désignés ayant une pagination spéciale.

TABLE DES MATIÈRES

A

Abbaye de Beaulieu : charte de fondation : III. 2. 332. — des Ayes : notice historique : III. 2. 424 (fig.).

Académie (L'), pièce de vers (extr.) : I. 3. 84.

Académie archéologique espagnole (Rapport sur une proposition d'affiliation à l') : I. 3. 752.

* Académie d'archéologie de Belgique (Annales de l') : I. 3. 11.

Académie delphinale : Généralités, historique : A. 1, 3, 9 ; M. 1. 1, 11 (in-4° : 1. 1, 9) ; M. 2. 9 (in-4° : 2. 9) ; L. 1. 12 ; L. 3. 1 à 7 ; S. 1. 3, 5, 23 (note); S. 2. 1, 84 (v° Ricard) ; 1. 4. 5, 370 ; — 2. 101 ; — 3. 284 ; II. 1. 1, 327 ; — 3. 31, 261 ; III. 11. LXXVI ; — 12. 250 ; — 17. 42.

—— Académiciens administrateurs : A. 12, 25 ; III. 11. LXXXI.

—— Académiciens vétérans : A. 12, 15. 27 ; III. 11. LXXXI.

—— Académie royale (la Société n'est pas autorisée à prendre le titre d') : I. 2. 101, 116, 173.

—— Académies et Sociétés correspondantes : I. 4. 7 ; II. 1. 7, 65, 242, 402, 514, 515, 593 ; — 2. 4, 379 ; — 3. 11 ; III. 1. xx ; — tomes 2 à 6, xII ; — 7. xI ; — tom. 8 à 16, xII ; — 17. 13 ; — 18. xII ; — 19. xIII ; — 20. xI.

—— Armes et sceau : V. Lettres patentes (p. 2).

—— Associés étrangers : V. Membres correspondants (p. 3). — libres : id.

—— Bibliothécaire-archiviste (création d'un) : III. 9. xv. — Noms des titulaires : III, tomes 15 à 20. v.

—— Bulletin (Impression et publication du) : I. 1. 32 (note); II. 1. 10. 11 ; III. 1. xII. — N'a pu être

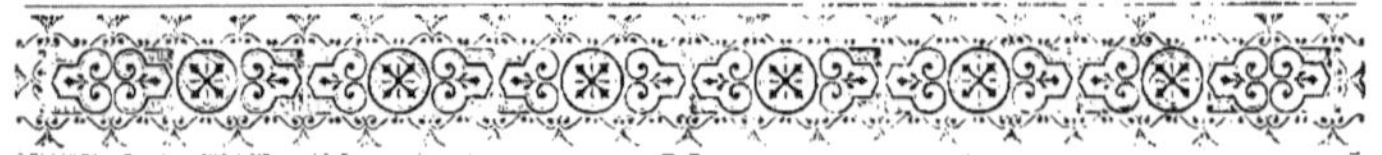

Cartulaires de Saint-Robert et des Écouges : III. 2. xx.

—————— Membres correspondants (ou associés libres ou étrangers) : a) Ancienne Académie delphinale : A. 12, 13, 20, 27 ; 1. 1. 7 ; III. 11. LXXXI ; b) Lycée : L. 3. 25 ; c) Société des sciences et des arts : S. 1. 27 ; S. 2. 27 ; d) Académie delphinale actuelle. I. 1. 23 ; — 2. 7 ; — 3. 7 ; — 4. 4 ; — 5. 6 ; II. 1. 5, 145, 242, 502, 514, 593 ; — 2. 2. 6. 378 ; — 3. 9. 184 : III. 1. XVI ; — 2 à 10. VII : — 11 à 18. VIII ; — 19. IX ; — 20. VIII. — Décédés : S. 1. 38 ; S. 2. 41.

—————— Membres résidants (ou ordinaires, ou titulaires) : A. 25 ; L. 3. 21 ; S. 1. 19 ; S. 2. 17 ; 1. 1. 19 ; — 2. 5 ; — 3. 5 ; — 4. 1 ; — 5. 5 ; II. 1. 3, 145, 241. 402. 513 ; — 2. 1, 6, 377 : — 3. 8. 183 : III. 1. XIV ; — 2 à 20. VI. — Décédés ou sortis de l'Académie : S. 1. 38 ; S. 2. 41 ; 1. 5. 6 ; II. 1. 65. 145. 401, 513. 593.

—————— Mention honorable pour la publication des Cartulaires de Saint-Robert et des Écouges : III. 2. xx. — pour la publication des Cartulaires de l'Église et de la ville de Die, de Saint-Robert-de-Cornillon, etc. (Doc. in., 2e vol.) : III. 11. LXXXI.

—————— Nécrologie. Notices biographiques ou nécrologiques sur MM. : Berriat-Saint-Prix : I. 2. 197 (ou à la fin du volume) ; Blanchet : II. 3. 258, 380 ; de Bournet : III. 15. 397 : — ** III. 17. xx ; Burdet : III. 11. 117 ; Ducoin (Am.) : 1. 4. 226 ; Fauché-Prunelle : II. 3. 258, 329 : de Galbert : III. 12. 120 ; Gautier (Louis) : III. 17. 127 : — 18. 17 ; Gautier (Marc-Auguste) : II. 1. 701 ; Genevey : II. I. 577 ; Imbert-Desgranges : III. 11. 113 ; Joffre : II. 1. 545 ; Leroy : III. 4. 35 ; Mallein (J.) : III. 4. 10 : ** Monier de la Sizeranne : III. 17. xxv ; Patru : III. 15. 396 ; Rousselot : III. 3. 9 ; de Saint-Andéol : III. 8. 66 ; Simian : III. 1. 346 ; de Ventavon (Casimir) : III. 15. 397.

—————— Nombre des membres : A. 4. 5. 12 ; L. 1. 4 ; S. 1. 7 ; 1. 1. 25 ; 1. 2. 116 ; II. 3. 1 ; III. 1. v. — Proposition de l'augmenter : rejetée : III. 5. XVI.

—————— Portraits appartenant à la Société : 1. 2. 173 ; III. 15. 399.

—————— Présentations : Voy. Règlement.

—————— Président. Attributions : V. les règlements. — Noms des titulaires : V. au mot : Bureau (composition du) (p. 2).

—————— Procès-verbaux des séances : M. 1. 4 (in-4° : 1.3) ; M. 2. 1 (in-4° : 2. 3) ; M. 3. XIII (in-4° : 3. III)[1] ; II. 1. 9, 66, 146, 243. 403, 515, 594 ; II. 2. 8, 379 ; — 3. 14 ; III. 1. XXIII ;

---

[1] De 1789 à 1836 il n'a pas été publié de procès-verbaux proprement dits des séances tenues par la Société. Voy. cependant : S. 2. 93. — De 1836 à 1855, c'est-à-dire pour la période correspondant aux cinq volumes de la 1re série, le Bulletin n'est autre chose que la suite des procès-verbaux de chaque séance, classés par ordre chronologique. Une telle disposition rendant les recherches extrêmement faciles, une table détaillée nous a paru inutile pour cette période. Nous nous bornons donc à indiquer ici les années auxquelles correspond chacun des volumes de la 1re série : tome 1er (I. 1) : 1836-1845 ; tome 2 (I. 2) . 1846-1849 ; tome 3 (I. 3) : 1850-16 mai 1851 ; tome 4 (I. 4) : 30 mai 1851-fin décembre 1852 ; tome 5 (I. 5) : 1853-1855.

nistre sous le patronage des recteurs : II. 1. 9.

ACCARIAS. M. r. : III. 14. XXI ; m.
du cons. d'administration et de
rédaction : III. 16. V ; III. 17.
XXIII. — Une famille parlementaire du Dauphiné : Notice sur
les Chalvet : III. 15. 282.

ACHARD DE GERMANE. M. r. : A.
26 ; II. 1. 349, 350, 359 ; S. 1. 25 ;
S. 2. 22. — Mémoire sur les causes
du dépérissement des bois en
Dauphiné et sur les moyens d'y
remédier : M. 1. 29 (in-4º : 1. 22).
— Essai sur les branches d'industrie qui conviennent le mieux
aux cantons de la province de
Dauphiné qui en sont dépourvus, etc. : M. 2. 41 (in-4º : 2. 33).

ACITAVONES : II. 2. 405.

** ACTES DE L'ÉTAT CIVIL (Dissertation sur les) : nécessité des tables : S. 2. 53.

** ADIEUX (Les) d'un vétéran du
Parnasse : S. 2. 63.

** ADOPTION (Observations sur le
divorce et l') : S. 2. 53.

ADRETS (Un autographe du baron
des) : III. 1. 178.

ADVERSARIA, ou Mémoires de N.
Chorier, traduits en français par
M. Crozet : III. 3. 380.

ADVIELLE (Victor). M. c. : II. 2. 11.
— * Description du Berry et du
diocèse de Bourges au XVIᵉ siècle,
par Nicolas de Nicolay : III. 1. 281.
— ** Formulaire d'arrêtés préfectoraux : III. 4. XVII. — La ganterie
de Millau, d'origine grenobloise :
III. 2. 277. — * L'ancien hôpital
d'Aubrac en Rouergue : III. 1.
277. — * Le Brevière des anciens
droits, honneurs et prérogatives
du Daulphin de Viennoys, par
Nic. de Nicolay : III. 1. 280. —
* Les Écossais en Rouergue : III.
1. 278. — Lettre à M. le Président

et à MM. les Membres de l'Académie delphinale : II. 3. 254. —
* Recherches sur la vie et les travaux de Nicolas de Nicolay : III.
2. XXXI. — * Vichy et les bains
chauds du Bourbonnais au XVIᵉ
siècle, par Nic. de Nicolay : III.
1. 281.

AÈDES et rapsodes : III. 10. 64.

** AÉROSTATS (Mémoire sur l'emploi
des) dans les reconnaissances militaires : S. 2. 70, 76.

* AGNÈS DE MÉRANIE, par Ponsard : I. 2. 587.

AGOULT (le comte d'). M. r. : III. 15.
XVIII.

* AGRICULTURE (Mémoires relatifs
à l'), par M. d'Hombres Firmas :
I. 1. 181. — (Id.), par M. Nicklès :
I. 1. 269. — ** (Mémoires sur l'),
par Villars : S. 2. 88. — ** (Notice
sur l') du département de l'Isère,
par Villars : S. 2. 89.

* AGRIPPINE (La première) : III. 11.
LXI.

AIGSTER. M. c. : S. 2. 33.

AIME (Inscription d'), en Tarentaise, texte et traduction : I. 4.
520.

* AIN (Promenades dans l'), par un
Dauphinois, ou Guide du voyageur en chemin de fer : II. 3. 86.

* AIX-LES-BAINS (Les embellissements d'), par un baigneur indécoré, etc. : II. 3. 93.

ALAISE de Novalaise (Ce qu'est l') :
III. 4. XXIII ; — 5. 31.

ALBERT (Aristide). M. r. : II. 3. 183,
193 ; m. du cons. d'administration : III. 1. XL ; III. 2. V. — * Essai
descriptif sur l'Oisans : I. 5. 172.
— Le Mont Viso : III. 1. 148. —
** Notice biographique sur Jacques Raton : III. 12. XXII. — Rapport : III. 1. 388.

ALBON (Marguerite d') : Voy. Marguerite de Bourgogne.

" ALEXANDRE-LE-GRAND (Remarques sur un trait de l'histoire d') : S. 2. 73.

ALEXANDRIE et l'Egypte pendant les trois premiers siècles de l'ère chrétienne : III. 9. 87.

" ALGÈBRE (Problème d') : S. 2. 57.

" — (Résolution d'un problème d') connu sous le nom de *problème des annuités* : S. 2. 57.

' ALGER (Les archives du Consulat de France à) : III. 1. 175.

ALGÉRIE (L'), poésie : I. 2. 206.

ALIÉNATION mentale (De l'influence de la civilisation sur l') : I. 1. 220.

ALLARD abbé. M. c. : III. 16. XXII.

ALLEMAGNE (L') en 1846 et 1852 : I. 4. 676.

" ALLEMOND (Fonderie d') : précis historique : S. 2. 86. " — (id., procédé employé pour traiter le minerai : id.

ALLMER. — ' Deuxième promenade d'un épigraphiste dans la Drôme, l'Ardèche, le Gard, Vaucluse et les Bouches-du-Rhône : III. 10. XXIX.

" ALLOBROGES (Dissertation sur les limites des Voconces et des), la situation de Cularo et l'état de cette ville sous la domination romaine : S. 2. 61. — (Histoire des) : Voy. Aymari Rivallii Delphinatis. " — (Les dieux de la cité des), d'après les monuments épigraphiques : III. 15. XVIII. — (Situation et limites des) et des tribus gauloises voisines : II. 2. 390.

ALMÉRAS-LATOUR. M. r. : II. 2. 377. 383.

ALPES briançonnaises (Un orage dans les) : II. 1. 414. — dauphinoises (Météorologie des) : I. 1. 465. — dauphinoises (Observations sur le climat, la température, etc., dans les) : I. 2. 63. ' — de la Maurienne (Notice sur les formations géologiques des) et sur le percement du tunnel entre Modane et Bardonnèche : III. 10. LXX. " — (Hautes-). Précis d'un voyage dans ce département, et mémoire sur son agriculture : S. 2. 88. — (La géologie dans les), III. 17. 50. — (Les animaux des) : I. 2. 775. ' — occidentales (Travaux historiques de M. Menabrea sur les). Savoie, Dauphiné, Bugey, Bresse, Suisse romande, Valais, Val d'Aoste, du IXe au XIIe siècle : I. 2. 394. — (Passage des) par Annibal : Voy. Annibal. — (Topographie militaire de la frontière des) : D. 3.

' À MES AMIS, ou Dangers et secours pour la jeunesse : I. 5. 58.

" AMITIÉ (De l'), pièce de vers : S. 2. 64. " — (De l'influence de l') sur les mœurs : S. 2. 76.

" AMOUR (Essai physiologique sur l') : S. 2. 55. " — (L') et la philosophie, roman : S. 2. 54.

' ANCIENNE CHRONIQUE (L') de Vienne : I. 2. 133.

ANCIENNETÉ de l'homme (De l') en Dauphiné : III. 15. 211 : — 16. 200.

ANDERT (D'). M. r. : I. 2. 32. — Rapport : I. 2. 692.

" ANE (L') vert, fable allemande ; traduction en vers français : S. 2. 69.

ANGLÈS. M. de l'ancienne Académie delphinale : II. 1. 342.

' ANIMAUX (Jugements rendus contre les) au moyen âge : I. 2. 339. — (Les) des Alpes : I. 2. 775. — ' (Origines de la cruauté envers les) : III. 10. XXXVIII. — parasites : V. Carlet.

" ANNIBAL à Carthage après la deuxième guerre punique : S. 2. 53. — (Le passage des Alpes par) : I. 1. 122 : — 5. 9. 61. 82. 97.

ANONYMES. — ' Mémoires sur les

causes de dépérissement des bois en Dauphiné et sur les moyens d'y remédier : M. 1. 152. 168 (in-4° : 1. 111, 122). — ** Mémoire sur la statistique de l'Isère, ouvrage couronné par la Société des Sciences et Arts de Grenoble, le 30 frimaire an XIV : S. 2. 93 [1]. — Notice historique sur la Société des Sciences et Arts : I. 1. 5 [2]. — Notice sur Mgr de Saint-Vallier, deuxième évêque de Québec : II. 2. 17.

* ANTHOLOGIE NOUVELLE, ou Recueil de poésies patoises des bords de l'Isère : III. 3. 136 (c-r. critique, par M. Crozet). — (Réponse aux observations de M. Crozet sur l') : ibid., 176.

ANTHON (d') : V. Vidaud.

ANTHROPOLOGIE : III. 14. 3 ; — 15. 41, 211 ; — 16. 200 ; — 19. 136 ; — 20. 375.

ANTIQUITÉS. V. Archéologie. ** — de la ville de Grenoble. V. Grenoble. — juridiques d'Athènes (Étude sur les) : le Crédit foncier à Athènes : III. 2. 117.

ANTON (d'), ou d'Anthon : Voy. Vidaud (de) d'Auton.

** APENNINS (Les), idylle : S. 2. 71.

* APERÇU sur les illustrations gapençaises : I. 3. 75.

** ARAGON (Histoire de Catherine d') : introduction : III. 13. XX.

ARBRES (Les) de la province de Dauphiné : M. 1. 174 (in-4° : 1. 127).

ARC (JEANNE D') et le prieuré de Joigny : III. 3. 239. — * (Mémoire de M. Berriat-Saint-Prix relatif à une lettre de) : I. 1. 667. — (Oraisons prescrites en Dauphiné pour la délivrance de) : III. 3. XVI. 7 —

(Souscription pour le rachat de la tour de), à Rouen : III. 2. XXV.

ARCHÉOLOGIE, antiquités, anthropologie : I. 1. 63. 321. 361. 433. 542. 650 ; — 2. 11. 98. 120. 460. 133. 215. 242 ; — 3. 11. 266. 295. 752 ; — 4. 9 ; — 5. 82. 96. 109. 112. 145. 128. 136. 137. 140. 267 : II. 1. 137. 149. 216. 221. 224. 229. 308. 464. 502. 506. 584. 597. 642 ; — 2. 662 ; — 3. 16. 17. 30. 173. 213. 223. 245 : III. 1. 45. 206. 267. 338. 349. 386 ; — 2. 117. 452. 453 ; — 3. 3. 427. 173. 256. 332. 341. 359 ; — 4. 72. 95. 135 ; — 5. 3. 31 ; — 6. 87 ; — 8. 3. 70 ; — 12. 119. 171 ; — 13. XVI. XVIII. 100. 263. 365 ; — 14. XIX. 3. 35. 46. 257. 365 ; — 15. XVII. XVIII. XX à XXIII. 41. 211. 243 ; — 16 XX à XXII. 200. 376 ; — 17. XX. 102. 295 ; — 18 (1re partie). 163. 170 . 19. — 119. 136 ; — 20. 199. 359. 375. — de contrebande : V. Mandrin.

ARCHITECTURE gothique : opinion des encyclopédistes : I. 3. 548. ** — (De la symbolique en) : III. 3. XXI.

ARDÈCHE (Fouilles de l') : ossements et objets appartenant à l'âge néolithique : III. 15. XXIII. * — (Promenade d'un épigraphiste dans l') : III. 10. XXIX.

** ARIANISME (L') à Grenoble : II. 1. 712. — * (De l') des peuples germaniques qui ont envahi l'empire romain : I. 3. 333.

ARLES (Le royaume d') et de Vienne sous les premiers empereurs de la maison de Souabe : III. 18. 17 ; — 19. XXII. 251.

ARMAGNAC (Jean, bâtard d'), comte de Comminges, gouverneur du

---

1 Ce mémoire est de M. Berriat-Saint-Prix. V. II. 1. 596.
2 L'auteur est M. Louis Michal (V. à la table du volume).

Dauphiné : lettre au Parlement de Grenoble : I. 2. 641.

Armée des Alpes (Campagnes de l') de 1792 à 1797 : III. 12. 82.

Armes et autres objets gaulois trouvés à Rives : II. 17. 295.

Arnaud, M. c. : III. 4. xx. — * Caractère spécial de la poésie hébraïque : III. 5. 18. — * Coup d'œil général sur les langues sémitiques : III. 5. 3. — Histoire de l'Académie protestante de Die au xvıɪe siècle : III. 7. 92. — * La Palestine ancienne et moderne : III. 4. 96. — ** Le Pentateuque défendu contre les attaques de la critique négative : III. 4. 95.

* Art d'écrire (L'), par Condillac : III. 3. 147.

** Art de guérir (Exorde d'un poème sur l') : S. 2. 76.

Art et photographie : III. 3. 308. — (Définition et analyse esthétique de l'idée de l') : II. 3. 269. — (Dissertation sur les principes de l') : II. 3. 104. — * (L') dans ses rapports avec la pensée : III. 19. xxı. — (Pensées et réflexions sur quelques principes de l') : II. 1. 496.

Assemblée des réformés à Die en 1579 : I. 1. 615.

Association (De l') : I. 3. 321.

Associés étrangers : Voy. Académie delphinale. — libres : id.

** Astezan (Notice sur un manuscrit de la bibliothèque de Grenoble, contenant partie des œuvres d'Antoine, secrétaire du duc d'Orléans : S. 2. 51.

Astronomie : Compte-rendu des découvertes récentes : I. 1. 496. 518 ; I. 2. 48. 380. — (L') considérée au point de vue philosophique : I. 2. 609.

Athènes (La propriété littéraire à : III. 3. 47. — ** Vases et statuettes en terre cuite trouvés à) : III. 15. xxııı.

Athribis (D') à Port-Saïd : III. 2. 321.

Atlas historique et géographique du Dauphiné (Projet d'un) : I. 1. 87. 92.

** Attraction (Problème relatif à l') d'un corps sphérique : résolution analytique : S. 2. 56.

* Aubrac (L'ancien hôpital d') en Rouergue : III. 4. 277.

Audé, M. c. : I. 1. 23.

Augusta Tricastinorum : est-ce Aouste ou Saint-Paul-trois-Châteaux ? II. 2. 400.

Aumont (D'). Associé libre de l'ancienne Académie delphinale : A. 28.

** A un arbrisseau, idylle : S. 2. 80.

Auneau (Bataille et capitulation d') : I. 2. 321. 324.

* Autriche (Matériaux pour servir à l'histoire de Marguerite d'), duchesse de Savoie, régente des Pays-Bas : I. 3. 98.

* Autun (Sceau de la régale de l'évêché d') : I. 3. 271.

Auvergne (l'abbé), chanoine. — M. r. : II. 4. 405 ; m. du com. de rédaction : II. 3. 15 ; démissionnaire : III. 6. xv. — A édité, avec le concours de l'Académie : 1° Le Cartulaire du prieuré de Saint-Robert de Grenoble, de l'ordre de saint Benoît : D. 1. ııɪ, vı. 1 ; 2° Le Cartulaire de l'ancienne Chartreuse des Écouges : D. 1. ııɪ. xııɪ, 81. — Communique à l'Académie une Notice sur Mgr de Saint-Vallier, deuxième évêque de Québec : II. 2. 17. — Exprime des doutes sur l'authenticité d'une lettre attribuée à Bayard : III. 2. xıx. — Mention honorable avec médaille de bronze accordée à M. l'abbé Auvergne par M. le Mi-

B

* BAZOCHE (Les clercs de la). II. 1. 57.

BÉATRIX (Les trois dauphines) : V. au mot : [De l'] Esprit de gouvernement des femmes, etc.

** BEAU (Définition et caractère du) : I. 5. 124. 137.

** BEAUCAIRE (inscription grecque de) : III. 3. XXV.

* BEAUFORT (Notice sur la vallée de), par M. l'abbé Ducis : II. 3. 250.

BEAULIEU (abbaye de) : Charte de fondation : III. 3. 332.

BEAUSSIRE. M. r. : II. 1. 10. * Du fondement de l'obligation morale : II. 1. 12.

BÉDARRIDE. * Études : 1° sur le Guide des égarés, de Maimonide ; 2° sur le Talmud : III. 11. XXVII, XXVIII

BELGIQUE. Académie d'archéologie (c.-r. des travaux de l') : I. 3. 11 ; — 4. 520. — Société libre d'émulation de Liège (c.-r. des travaux de la) : I. 4. 532. — Société des gens de lettres (c.-r. des travaux de la) : I. 4. 526, 531.

BELLET (abbé). M. c. : III. 19. XIX.

BELLIN. M. c. : II. 1. 514. 522. * Rapport sur les résultats d'un concours ouvert par la Société protectrice des animaux de Lyon : III. 10. XXXVIII.

BELMONT (DE). Membre de la Société littéraire : A. 26 ; M. 1. 13 (in-4° : 1. 10) ; II. 1. 359.

BENECH. Cujas et Toulouse : V. Berriat-Saint-Prix : Lettre à M. Valette, etc.

BENOîT. M. r. : I. 1. 20. * Traité du retrait successoral : I. 1. 100.

BENOîT (Candide). * Les prompts calculs d'intérêts, escomptes, etc. : I. 1. 277.

BÉOTIEN (Le). étude de mœurs : I. 3. 260.

BÉRARD. M. c. : L. 3. 26 ; S. 1. 28 ; S. 2. 28. ** Mélanges physico-mathématiques : S. 2. 50. — ** Description d'un photophore ou lampe paraboloïde : id.

BÉRARD (Notes sur). botaniste dauphinois. par Villars : II. 2. 354.

BÉRARD-TROUSSET : V. Trousset.

BÉRENGER. M. r. : II. 3. 184. 193 ; m. du cons. d'administration : III. 1. XI. ; III. 2. V : m. c. : III. 3. XXVI. — Récit de la visite faite par la Cour de Grenoble à Napoléon Ier à son retour de l'île d'Elbe, le 8 mars 1815 : III. 1. 366.

BÉRENGER (de la Drôme). M. c. : * I. 1. 23.

BÉRENGER (Édouard. ** Las Nocgas de Janselou Roubi, comédie en patois du Trièves : III. 13. XVIII.

BÉRENGER (Le marquis de). M. c. : I. 2. 213 ; délégué pour représenter l'Académie au Congrès des Sociétés savantes en 1865 : III. 1. XXVII. XXIX ; m. r. : III. 5. XVII. — * Lettres inédites de l'abbé de Chaulieu, précédées d'une notice : I. 3. 351.

BERGER (Émile). M. r. : III. 8. XVII ; m. du conseil d'administration et de rédaction : III. 8. 9. 12. 13. V ; vice-président : III. 11. V. — Notice biographique sur M. de Saint-Andéol : III. 8. 66. — ** Administration de la Narbonnaise et de la Viennoise sous la domination romaine : III. 12. XIX.

** BERGER (Le) Amyntas, idylle en prose : S. 2. 81.

BERGERRE. M. c. : I. 1. 328. * Exposé raisonné des principes de la musique : I. 1. 329.

BERLIOZ (Hector). M. c. : I. 1. 23.

BERNARD, astronome à Marseille. Associé libre de la Société littéraire : A. 29.

d'Antoine Astezan, secrétaire du duc d'Orléans : S. 2. 51. — **Notice historique sur Liotard, botaniste à Grenoble : id., ibid. — ** Notice sur la vie et les ouvrages de Plutarque : id., ibid. — ** Notice sur la vie et les ouvrages du président de Valbonnais : id.. 52. — ** Notices sur les travaux de la Société : id., 51, 52, 53. — * Observations sur Domat et ses écrits, et par occasion sur Cujas : I. I. 365. — ** Observations sur le divorce et l'adoption, et tableau de la parenté et affinité des premiers Césars : S. 2. 53. — ** Observations sur les citations des poètes, et principalement d'Homère, dans le *Corpus juris* : id., ibid. — **Publications diverses : Discours prononcé à l'ouverture de son cours d'économie politique à l'École centrale : — Annuaires statistiques de l'Isère (ans IX. X. XI, XII) : — L'Amour et la Philosophie, roman : — Précis de son cours de législation à l'École centrale : S. 2. 54. — ** Rapport sur un mémoire de Villars relatif aux actes de décès : id., 51. — * Vie de Julius Pacius : I. 1. 116.

BERRIAT-SAINT-PRIX (Notice sur la vie et les ouvrages de) : I. 2. 197.

* BERRY (Description du) et diocèse de Bourges au XVIe siècle. par Nicolas de Nicolay, dauphinois ; publié par M. V. Advielle : III. 1. 281.

BERTHIN (Vital). M. r. : I. 1. 22.

BERTIER. M. r. : I. 1. 20.

BERTOLLON. M. c. : L. 3. 27.

BERTRAND (Louis) : notice biographique : III. 1. 283.

BESSEY (Maison de), donnée par les Dauphins à l'abbaye des Ayes : III. 2. 432.

BEYLE (Henri), dit Stendhal. * La Chartreuse de Parme : I. 2. 343. — * Le Rouge et le Noir : id., 186. — * Notice biographique : id., 295.

BEYLIÉ (de). M. c. : III. 14. XVIII ; m. r. : III. 15. XX.

BIBLIOGRAPHIE GRENOBLOISE, par Ed. Maignien : III. 18, 2e part., 1.

BIBLIOTHÈQUE de l'École des Chartes (Rapport sur le recueil intitulé :), par M. Gariel : I. 1. 228.

BIBLIOTHÈQUE publique de Grenoble (Fondation et origines) : A. 3 : M. 1. 2, 11 et ss. (in-4° : I. 1, 9 et ss.) ; I. 3. 560 ; II. 1. 327.

BIDAUT. * La Nouvelle France, roman politique inédit : I. 1. 342.

BILLEREY (Dr). M. c., puis m. r. : S. 1. 36 ; S. 2. 23 ; vice-président . I. 1. 34. — ** Mémoire sur la respiration et sur l'influence de l'oxygène relativement à la couleur du sang et à la contraction du cœur : S. 2. 55.

BILON fils, docteur en médecine à Grenoble. M. c., puis m. r. : S. 2. 23. — ** Essai physiologique sur l'amour : S. 2. 55. — ** Essai sur le bonheur : id., ibid. — **Mémoire sur le sommeil considéré physiologiquement : id., 54. — ** Mémoire sur le geste considéré physiologiquement : id., 55. — ** Rapport sur les travaux de l'Athénée du Gers : id., ibid. — ** Ouvrages publiés par M. Bilon, et envoyés par lui à la Société : 1° Dissertation sur la douleur ; 2° Éloge historique de Xavier Bichat ; 3° Aperçu sur l'ensemble de la médecine : ibid.].

BILON père, chirurgien. M. r. : S. 2. 24 ; m. du Comité : S. 2. 48.

BINEAU. M. c. : I. 1. 24.

BINELLI. M. de la Société littéraire : A. 25 ; II. 1. 342, 357 ; m. c. : I. 3. 28 ; S. 1. 31.

BONNAIRE. M. c. : S. 1. 36 ; S. 2. 36. — " Envoie à la Société son Mémoire sur la statistique des Hautes-Alpes (Gap, Allier, an VIII) : S. 2. 55.

BONNARD. M. r. : 1. 2. 95.

BONNARDIÈRE (LA). V. La Bonnardière.

BONNE (François de), duc de Lesdiguières. V. Lesdiguières.

BONNEFOUS. M. r. 1. 1. 21.

BONNEFOY. " Chars, son histoire, ses hauts barons, son Hôtel-Dieu, son église. — Bergogny et environs : III. 10. XLVIII.

" BON SENS (Étude philosophique sur le) : III. 17. XXIX.

BOREL (André), botaniste (Notes sur), par Villars (pub. par M. Macé) : II. 2. 356.

" BOSCO (Vie de dom) : III. 19. XXV.

" BOTANIQUE (Discours d'ouverture d'un cours de) : S. 2. 81. " — (De l'étude et des charmes de la) : S. 2. 89. " — (Dictionnaire de). V. Dictionnaire. " — (Mémoire sur l'étude de la) : S. 2. 71. " — (Mémoire sur les moyens à employer pour accélérer les progrès de la) : S. 2. 89. " — (Statistique) du département de l'Isère, par M. le Dr Albin Gras : 1. 3. 476.

BOTTA. médecin à Turin. M. c. : S. 1. 32 ; S. 2. id. — Publications diverses : S. 2. 56.

BOUCHAGE (DU). M. de la Société littéraire : A. 27 ; II. 1. 359 ; m. ordinaire du Lycée : S. 1. 23 ; m. c. : S. 2. 37.

BOUCHEMANN. " Études sur Lucien : 1. 5. 207.

BOUCHES-DU-RHÔNE. Académie des sciences, agriculture, arts et belles-lettres d'Aix : c. r. de ses travaux : 1. 4. 498, 518, 526, 530, 534 ; II. 2. 371. — Société de statistique de Marseille : c. r. de ses travaux : II. 4. 238.

BOUCHUT. " De la spontanéité du développement sensible, intelligent, ... les nouveau-nés : 1. 5. 192.

BOUILLER (Francisque). " Histoire de la philosophie cartésienne : 1. 5. 180.

BOULIE (DE). " Les deux poules, fable : 1. 4. 530.

BOUQUET. Histoire inédite de La Tour-du-Pin (fragments communiqués par M. Chaper) : III. 18. XIX.

BOURDAT. M. r. : 1. 1. 463 ; m. c. : II. 2. 16. — Compte rendu des découvertes physiques récentes : 1. 2. 57. — Compte rendu des travaux des congrès scientifiques italiens depuis 1839, et notamment du congrès tenu à Gênes en 1846 : 1. 2. 212. — Considérations générales sur l'objet scientifique : 1. 3. 30. — Considérations sur la vitesse de la lumière : 1. 3. 45. — L'astronomie considérée au point de vue philosophique : 1. 2. 609. — Le système de cosmogonie de Laplace et l'œuvre des six jours : 1. 5. 124. — Mémoire sur des méthodes d'approximation des racines, des puissances et des logarithmes des fractions : 1. 3. 447. — Mémoires sur les découvertes astronomiques les plus récentes : 1. 1. 496, 518. — " Notes mathématiques sur les points suivants : 1° Calcul de l'erreur que l'on fait en établissant la proportion que prescrit l'usage des tables trigonométriques ; 2° Propriétés des résidus ; 3° Sommation des séries binominales ; fonctions exponentielles qui en résultent : 1. 4. 477. — Notes relatives : 1° aux expre--

(fragments divers) : I. 2. 539 ; I. 3. 96 ; I. 5. 172 ; II. 1. 147 ; III. 11. LI. — Id. (compte rendu de l'ouvrage) : I. 2. 175. — ** Id. : I. 1. 85, 100. 144. 366 ; I. 4. 539 ; II. 1. 243, 390, 518, 585. — Joffre (Dr) : Notice biographique : II. 1. 545. — Mémoire sur les jugements des gouverneurs de provinces et des préfets du prétoire sous les empereurs chrétiens : I. 2. 365. — Mention honorable accordée par l'Académie des sciences morales et politiques à son mémoire sur les progrès de la justice criminelle : I. 3. 177. — ** Musique (La) et l'Opéra : III. 12. XVII. — Philis de la Charce : III. 1. 3. — Planta (Sébastien de) : Notice historique : II. 2. 30. — Propose d'établir des rapports réguliers avec la Société royale académique de Savoie : I. 2. 172. — Proposition d'un candidat pour le prix Monthyon : lettre à l'Académie française sur le même objet : I. 2. 101, 117. — Rapport sur les progrès des sciences archéologiques et historiques en France : I. 2. 11. — ** Rapport sur l'utilité d'un musée épigraphique à Grenoble : I. 5. 82. — Rapports (Autres) : I. 1. 303, 424 ; I. 2. 123. 215 ; I. 3. 333, 295 ; I. 5. 256 ; II. 1. 66 ; II. 2. 657 ; II. 3. 202, 203 ; * III. 1. 408 ; III. 2. 35 ; III. 2. 154, 280. — Réponses aux lectures de réception : 1° de M. l'abbé Servonnet : III. 3. 124 ; 2° de M. Trouiller : III. 3. 40. — Rivalités du Dauphiné et de la Savoie jusqu'en 1349 : II. 3. 124. — Rousselot (abbé) : Notice biographique : III. 3. 40. — Saint Bruno (La Grande-Chartreuse et la vie de) : I. 1. 431 ; I. 2. 11. — ** Saint Hugues (Vie de) : introduction et framents : I. 1. 35, 42. — Talavera (Fernand de), archevêque de Grenade : II. 3. 56. — Voyage de Golnitz : questions bibliographiques : une lettre de M. Brunet : II. 3. 247.

BOYS (DU). Félix, fils du précédent : M. r. : III. 12. XIX.

BOYS-AIMÉ (DU). M. r. : I. 1. 20 : vice-président : I. 1. 91.

BRAILLARD. M. c. : S. 2. 37.

BRAMOVICES ou Brannovices : II. 2. 405.

BRÉMOND. * L'Urianade : I. 3. 128.

BRET. M. r. : S. 2. 24. — Démonstration par l'analyse d'une proposition relative à l'attraction des corps sphériques : S. 2. 56.

BRETON. M. r. : I. 1. 20.

* BREVIÈRE (Le) des anciens droits. honneurs et prérogatives du Daulphin de Viennoys, par Nicolas de Nicolay, pub. par M. V. Advielle : III. 1. 280.

BRIANÇON (Prise de) par Lesdiguières : texte de la capitulation . I. 1. 699.

BRIANÇONNAIS (Antiquités du) : I. 1. 433. — (Aperçu pittoresque sur le) : I. 1. 342. — (De l'état de l'instruction primaire dans le) avant 1790 : V. Instruction primaire. — * (Essai sur les anciennes institutions du), par M. Fauché-Prunelle : II. 1. 52, 235. —(Les élections municipales dans le) : II. 1. 607. — (Les grandes épidémies dans le) : III. 10. 174. — ** (Les protestants dans le) : III. 8, XVIII. XIX.

BRIGIANI : II. 2. 405.

BROUCHOUD. M. c. : III. 2. XXVI. — * De l'extradition entre la France et l'Angleterre : III. 2. 108. — Études archéologiques et historiques sur Saint-Quentin, près la

Verpillière : ibid., 114. — * Les origines du Théâtre de Lyon : mystères, farces et tragédies ; troupes ambulantes ; Molière : ibid., 111. — * Recherches sur l'enseignement public du droit à à Lyon : ibid., 109.

Brun-Durand, M. c. : III. 2. xxxvii. — * Essai historique sur la Chambre de l'Édit du Parlement de Grenoble : III. 10. xxv. — Discussion sur un nom dauphinois cité dans la charte de Jean de Bernin : III. 3. 318.

Brunel (Un voyageur dauphinois resté inconnu, Antoine de), seigneur de Saint-Maurice en Trièves : III. 15. 127.

Brunet (Une lettre de) au sujet des éditions du Voyage de Golnitz : II. 3. 249.

** Bucheron (Le) et les arbustes, fable : S. 2. 60.

** Buisse (Objets préhistoriques découverts à la), à l'Échaillon, à Aizy : III. 15. xvii.

Buniva, M. c. : S. 2. 32. — ** Mémoire sur une épizootie qui a ravagé le Piémont : S. 2. 57.

Burdet, professeur à la Faculté de droit de Grenoble. M. r. : I. 1. 21 ; m. du conseil d'administration ou du comité de rédaction : I. 2. 365, 587 : I. 4. 1. 103 : II. 1. 404 : — 2. 15 : — 3. 195 : III. 1. xxiv ; — 3. xxvii : — 10. v : président : I. 5. 5. 124 : III. 5. v. xx : vice-président : III. 6. 5 : — 7. xv. — Dauphiné (De l'ancienne organisation féodale du et de l'état de ce pays lors de sa cession à la France, ou Dissertation sur le statut delphinal : II. 1. 163. — Droit de propriété (Mémoire sur l'origine et la nature du) : I. 3. 513. — États-généraux de Savoie (Notice historique sur les), à

propos de la réimpression de la Chronique de Paradin : III. 11. 92. — Étude sur les mesures employées pour prévenir les dommages résultant des eaux nuisibles, dans l'ancienne législation dauphinoise : III. 3. 213. — Étude sur les origines et les progrès de la maison de Savoie, à propos de l'Histoire de Savoie de M. de Saint-Genis : III. 11. 74. — Femmes (De la condition civile et politique des) : III. 5. 262 ; — 6. 461. — Gautier (Marc-Auguste) : notice biographique : II. 1. 701. — ** Histoire de Savoie, par M. de Saint-Genis : examen critique : III. 9. xvi. — Introduction à l'étude du droit : I. 1. 424. — ** Introduction à une nouvelle Histoire du Dauphiné : I. 1. 100. — Mémoire relatif à un point d'histoire locale, ou Origine de l'adage dauphinois : Nul seigneur sans titre : III. 2. 74. — Réponse à la lecture de réception de M. Boistel : III. 6. 116. — Réponse à la lecture de réception de M. Monavon : III. 6. 155. — Rapports : I. 2. 181. 392. 394 ; I. 4. 195 : II. 3. 310 ; III. 2. 195 : ** III. 5. xvii ; ** III. 6. xv.

Burgondes (Épisodes de l'histoire des) : bataille de Vézeronce ; règne de Godomar ; chute du premier royaume de Bourgogne : III. 10. 392. ** — (Histoire des lois) : III. 9. xviii. ** — (Luttes des) et des Ostrogoths : III. 7. xvii.

* Burgraves (Le Rhin et les), par M. Philoxène Boyer : I. 3. 80.

Burnier. * Histoire du Sénat de Savoie : III. 2. 154. 280.

Burnouf. M. r. : I. 3. 752. ** Fragments d'une traduction des Confessions de saint Augustin : I. 4. 482.

C

Cabinet d'histoire naturelle (Fondation d'un) à Grenoble : A. 3 ; M. 1. 19 et ss. (in-4° : 1. 14 et ss.).

Cadière (La) : V. La Cadière.

Caen (Académie des sciences, arts et belles-lettres de) : doit échanger son bulletin avec celui de l'Académie delphinale : III. 2. xxiv.

Caillemer. M. r. : II. 3. 183, 193 ; m. du conseil d'administration : II. 3. 196 ; III. 3. xxvii ; — 7. xvii ; — 9. v ; — 10. v ; délégué pour représenter l'Académie au Congrès des Sociétés savantes de Paris et au Congrès scientifique de Rouen : III. 4. xxvii, xxxv ; m. c. : III. 11. xix. — Burgondes (Épisodes de l'histoire des) : Godomar, dernier roi des Burgondes (524-532) : III. 10. 392. — ** Burgondes (Luttes des) et des Ostrogoths : III. 7. xvii. — ** Condition (De la) des ouvriers et des artistes chez les Grecs : III. 10. xv. — Crédit foncier (Le) à Athènes : III. 2. 117. — ** Droit de tester (Le) à Athènes : III. 5. xvi. — Govéa (Antoine de) fut-il conseiller au Parlement de Dauphiné ? III. 1. 77. — Institutions commerciales (Des) d'Athènes au siècle de Démosthènes : II. 3. 291. — ** La liberté de conscience à Athènes : III. 6. xvii. — ** Lois burgondes (Histoire des) : III. 9. xviii. — Observation sur la découverte de deux pierres romaines à Villette, près Saint-Laurent-du-Pont : acquisition de ces pierres par la ville de Grenoble : III. 4. xviii. — Parlement (Le) de Grenoble et l'arrêt du 13 février 1637 : III. 2. 3.—Propriété littéraire (Notes sur la) à Athènes : III. 3. 47. — Rapport sur la publication des documents relatifs à Lesdiguières : III. 2. 173. — * Rapport sur le projet de décentralisation intellectuelle de M. Morellet : III. 1. xxviii. — Rapport sur une proposition tendant à compléter l'art. 41 du règlement : II. 3. 320. — ** Rapport sur les mémoires de l'Académie de Christiana : III. 6. xix.

* Calcul infinitésimal (Traité de), par M. Cournot : I. 1. 271.

** Calignon (Étude sur les poésies de Soffrey de) : III. 6. xvii. — ** (Ms. attribué à) : Journal des campagnes de Lesdiguières jusques vers 1597 : III. 3. xxvii. — ** (Vers latins et grecs de) ; traduction : III. 9. xv.

** Calpurnius (Traduction d'une églogue de) : S. 2. 65.

Calvados. Académie de Caen (c. r. des travaux de l') : 1. 2. 528. — Annuaire de Falaise (c. r. de l') : I. 1. 429.

Calvet-Rogniat. M. c. : I. 2. 656. — * Crémieu ancien et moderne : I. 2. 664.

* Camaraderie (La), par M. *** : I. 5. 196.

Camayou. ** Le Lépreux, roman : I. 1. 303.

CAMPAGNES de l'armée des Alpes de 1792 à 1797 : III. 12. 82.

CAMPMAS. M. r. : I. 1. 22.

CAMUS. Associé libre de la Société littéraire : A. 30.

CANAL DE SUEZ (Inauguration du) : III. 5. XX.

CANAT. ' La corporation des enfants de la ville de Châlons : I. 3. 272. — La Mère folle ou Les Gaillardons : ibid., 276.

' CANAUX (Les) et chemins de fer : I. 1. 713.

' CANTACUZÈNE (Mémoires de l'empereur) : I. 2. 677.

' CAPITOULS (Les) ou règlements municipaux de La Cadière : I. 4. 522.

CAPITULATION d'Auneau : V. Auneau. — de Briançon : V. Briançon. — de Gap : V. Gap.

'' CARAFA (Documents sur le cardinal), tirés d'un ms. de la bibliothèque de Grenoble : III. 19. XXVII.

' CAREY (Lettres critiques adressées à M. Michel Chevalier par M.), des États-Unis : III. 1. 33.

CARLET, législateur. M. r. ; S. 1. 31 ; S. 2. 32.

CARLET, professeur à la Faculté des sciences de Grenoble. M. r. ; III. 17. XXVII. — Une double révolution scientifique : III. 17. 275. — ' Compte rendu des découvertes de MM. Hermann Fol et van Beneden sur l'embryologie et sur nouveau groupe d'animaux parasites : III. 20. XXIII.

' CARRIÈRES (Des de pierre à chaux hydraulique dans les environs de Metz : I. 4. 502.

'' CARTE des régions circumpolaires boréales : III. 5. 15.

CARTE du Dauphiné et de la ... avant et pendant la domination romaine, ou Carte du pays des Allobroges : II. 2. in fine [1].

' CARTES A JOUER (Planches de) découvertes dans une ancienne reliure : leur date probable : III. 20. XXIV, XXV.

' CARTULAIRE de Domène, pub. par M. de Monteynard : II. 1. 518, 584. — de l'abbaye de Saint-Chaffre (Extrait du), avec notice préliminaire, appendice et table, par M. l'abbé Chevalier : D. 2, 6e livraison. — de Saint-Robert de Grenoble : D. 1. III, VII, 1. — des Écouges : D. 1. III, XIII, 81. — — ' du chapitre de l'église cathédrale Notre-Dame de Nîmes : III. 11. LXVI. — (Notice sur un), en partie inédit, des Dauphins de Viennois : III. 3. 127. — (Notice sur un) inédit de la ville de Grenoble : III. 3. 341.

CARTULAIRES de l'église et de la ville de Die, avec une notice préliminaire et des tables : D. 2. 3e livr.

CARTULAIRES DE SAINT-HUGUES (Notes et observations sur l'origine de la domination des comtes Guigues à Grenoble et dans le Graisivaudan, et sur la valeur historique des, par l'abbé Trépier : II. 2. 535. — (Observations sur l'authenticité des), au sujet d'un passage de l'éloge de M. Fauché-Prunelle par M. Gariel, par l'abbé Trépier : III. 1. 54. — Réponse de M. Gariel à la protestation de M. l'abbé Trépier sur l'authenticité du préambule de la charte XVI du deuxième Cartulaire : III. 1. 94. — Réponse au

---

1 V. ce mot : Dauphiné.

mémoire de M. Gariel. ou : La vérité sur Saint-Hugues et ses Cartulaires, par M. l'abbé Trépier : III. 2. 204.

** Cascade (La) de Pelletière, idylle : S. 283.

Castagne. ** Observations sur la nécessité du reboisement dans les Bouches-du-Rhône : I. 4. 498.

Catalogue des évêques de Grenoble, par Mgr Le Camus, publié et annoté par M. l'abbé Chevalier : III. 3. 358.

Cathédrale de Grenoble (Monographie de la) : III. 13. 400.

Cathédrales (Les) du Dauphiné : la cathédrale d'Embrun : III. 3. 256, 263.

Catherine de Médicis en Dauphiné. par M. J. Roman : III. 17. 316. — (Entrée et séjour de) à Grenoble en 1579 (extr. du *Livre du Roy* de Briançon) : I. 1. 662. — (Lettre de) au baron de Gordes : ibid., 482.

** Caton d'Utique (Extrait de la vie de), de Plutarque : S. 2. 51.

Catulle (Étude sur), par M. Golléty (œuvre posthume) : III. 16. 177.

Cavaillon (Itinéraire de) à Turin : II. 1. 396.

Cavard. M. c. : I. 1. 24. 204.

Cavares : II. 2. 399.

Cazalis de Fondouce. * Recherches géologiques et archéologiques : III. 11. LVIII.

Caze de la Bove. Associé libre de la Société littéraire : A. 27.

Centrones ou Ceutrones : II. 2. 397.

** C'est le chat, fable : S. 2. 78.

Ceutrones : V. Centrones.

* Cévennes (Recherches géologiques et paléontologiques dans les hautes) : l'homme préhistorique : III. 11. LVIII.

Cézanne (Troubles de) en 1588 barricade de la route du Mont-Genèvre : lettres des sieurs Olivet et Gensour aux consuls : I. 1. 675.

Chabert. pharmacien, administrateur municipal. M. r. : L. 3. 22 ; S. 1. 20 ; S. 2. 18.

Chabert, professeur au collège de Grenoble. M. r. : I. 1. 22.

Chabert, professeur de mathématiques. M. r. : L. 3. 23 ; S. 1. 21 ; S. 2. 19 ; m. du comité : S. 2. 48. — ** Démonstration d'une proposition de géométrie : S. 2. 57. — ** Formule du binôme de Newton par les coefficients indéterminés : id. — ** Problème d'algèbre relatif aux intérêts viagers et ordinaires : id. — ** Résolution d'un problème d'algèbre connu sous le nom de problème des annuités : id.

Chabord. M. c. : L. 3. 28 ; S. 1. 30 ; S. 2. 31.

Chabrand (Dr). M. c. : III. 1. XLI ; m. r. : III. 12. XVIII. — Campagnes de l'armée des Alpes de 1792 à 1797 : III. 12. 82. — Épidémies (Les grandes) dans le Briançonnais : III. 20. 174. — Épisode (Un) de l'histoire des Vaudois : III. 19. 147. — * Goitre (Du) et du crétinisme : III. 1. 388. — Instruction primaire (État de l') dans le Briançonnais avant 1790) : III. 16. 252. — ** Protestants (Les) dans le Briançonnais : III. 8. XVIII. XIX. — Videl (La famille) : III. 15. 165.

** Chabrud (Correspondance parlementaire de), avocat à Vienne (1789) : III. 16. XXI.

Chaix. M. c. : L. 3. 26 ; S. 1. 28 ; S. 2. 28. — ** Description d'un panoramagraphe, ou instrument inventé pour dessiner graphiquement des perspectives : S. 2. 58.

— '' Mémoire sur les rapports des poids et mesures de Piémont avec ceux de France, et sur une nouvelle route à ouvrir entre ces deux États, par l'Oisans et le Mont-Genèvre : ibid. — V. aussi v° Janson : S. 2. 70.

CHAIX (Dominique), prieur des Baux (Hautes-Alpes). Associé libre de la Société littéraire : A. 28 ; II. 1. 360. — '' Notice sur sa vie et ses travaux, par Villars : S. 2. 89. — Notes biographiques par le même, publiées par M. Macé : II. 2. 356.

' CHALONS-SUR-SAÔNE (Mémoires de la Société d'histoire et d'archéologie de) : I. 3. 266. — ' (Anciennes fortifications de) : id., 267. — ' (Corporation des enfants de la ville de) : id., 272. — ' (Notice sur divers objets antiques trouvés à) : I. 3. 281.

CHALVET. M. r. : L. 3. 22 ; S. 1. 19 ; S. 2. 17 ; secrétaire : S. 1. 40 ; m. du comité : S. 1. 43. — '' Discours historique sur les savants et gens de lettres du ci-devant Dauphiné : S. 2. 58. — '' Discours servant d'introduction à un cours de philosophie : ibid. — '' Éloge historique de M. Moreau de Véronne : ibid. — '' Mémoire historique sur Charles, duc d'Orléans, auteur d'un poëme roman dont la bibliothèque de Grenoble possède un manuscrit : S. 2. 59. — Mémoire sur la législation de Moyse et les mœurs des Hébreux : S. 2. 58. — '' Mémoire sur l'établissement d'une école de musique à Grenoble : ibid. — '' Notice sur l'histoire et les antiquités du département de l'Isère : ibid. — Publications diverses, de l'an VI à l'an XII. — Rapport sur la translation du mausolée de Bayard de l'ancienne église de la Plaine au musée de Grenoble : ibid.

CHALVET (Notice sur les). ou : Une famille parlementaire du Dauphiné : III. 15. 282.

'' CHAMBÉRY (La sainte Chapelle du château de) : III. 5. XVIII.

CHAMBON (abbé). M. r. : I. 1. 401 ; m. du conseil d'administration : I. 2. 587 ; I. 3. 11. — Rapport : I. 2. 339.

' CHAMBRE DE L'ÉDIT (Essai historique sur la) du Parlement de Grenoble : III. 10. XXV.

CHAMBRE DES COMPTES (Notice sur les archives de l'ancienne) du Parlement de Grenoble : III. 4. 72.

' CHAMECHAUDE (Récit d'une excursion à) : III. 20. XVIII.

' CHAMIER (Henri IV et Daniel) : II. 1. 307.

CHAMP (Généalogie des), imprimeurs-libraires à Grenoble : III. 18 (2° partie). CIV.

CHAMPAGNEUX (Rosières de). M. r. : S. 1. 24 ; S. 2. 22 ; vice-président : S. 2. 44. — '' Anecdotes sur J.-J. Rousseau et particulièrement sur son mariage : S. 2. 59. — Don d'un exemplaire des œuvres de Mme Roland : id.

CHAMPIONNET. ' Mémoires inédits : III. 15. 5. — Récit de la campagne de Naples en 1799 : ibid., 9.

CHAMPOLLION-FIGEAC. M. r. : S. 2. 23 ; secrétaire-adjoint : S. 2. 46 ; secrétaire : S. 2. 45 ; m. c. : I. 1. 23 ; décédé : III. 3. XXVII. — '' Communication de lettres inédites de L. Euler à Wettstein, à Londres : S. 2. 60. — '' Description de la manière dont les habitants de Valbonnais emploient le plâtre pour faire des planchers propres à battre le blé : ibid. — '' Dissertation sur les limites des Voconces et des Allobroges, la

situation de Cularo et l'état de cette ville sous la domination romaine, jusqu'à la fin du IVe siècle[1] : S. 2. 61. — ** Dissertation sur un sarcophage antique dont l'inscription rappelle un flamine de la déesse Juventus[2] : S. 2. 60. — ** Dissertation sur une inscription de l'église de Saint-Robert, près Grenoble, en l'honneur du dauphin Guigues III, dit le Gras : ibid. — ** Explication d'une inscription en l'honneur de la déesse Isis, considérée comme protectrice de la santé[3] : S. 2. 61. — ** Explication d'une inscription romaine gravée sur le piédestal d'une statue dédiée à Mars, surnommé Cassi[4] : S. 2. 59. — ** Histoire de l'inscription en caractères hiéroglyphiques et caractères cursifs égyptiens et en grec, trouvée à Rosette, suivie d'observations sur quelques passages du texte grec : S. 2. 60. — ** Notice sur les monuments galants qui nous restent des Grecs : ibid. — Publications diverses de l'auteur : S. 2. 61. — ** Rapport sur les mémoires envoyés au concours ouvert par la Société sur la statistique du département de l'Isère : S. 2. 69.

CHANEL. M. de la Société littéraire : II. 1. 342.

CHANOINE. M. r. : S. 2. 24.

CHANOINE (Un) devant le Parlement) : III. 3. 58.

CHANSON (La) de la brise, poésie : III. 17. 341.

** CHANT (Dissertation sur l'origine du), de la lyre et de la flûte, attribuée à Pan, servant d'introduction à des recherches sur les divers instruments de musique anciens et modernes, et sur leur origine : S. 2. 72.

CHANTRE. M. c. : III. 4. XXIII. — ** Envoi d'une brochure intitulée : Appel aux amis des sciences naturelles pour le tracé d'une carte géologique du terrain et des blocs erratiques des environs de Lyon, nord du Dauphiné, etc. : III. 4. XXI. — ** Études paléo-ethnologiques : III. 5. XV.

** CHANVRE (Observations sur une nouvelle méthode de peigner le) : S. 2. 87.

CHAPELLE (abbé). M. c. : III. 20. XX. — ** Lettres à l'Académie relatives à des découvertes archéologiques faites sur le territoire de la commune de Pact : III. 20. XVIII, XIX. — Rapport sur le même sujet : III. 20. 375 (plan et fig.).

CHAPELLE-BLANCHE (L'inscription de la) : II. 1. 149.

CHAPER (Eug.). M. r. : II. 3. 15 ; m. du conseil d'administration et de rédaction : II. 3. 489 ; III. 2. 15. 16. 18, V ; vice-président : III. 1. XIV, XL ; — 3. V, XXVII ; — 5. V. XX ; — 13. V ; — 17. XXV ; — 19. V ; président : — 4. V, XXV ; — 14, 17. 20. V. — ** Communication d'un ms. attribué à Soffrey de Calignon et contenant un journal des campagnes de

---

[1] V. *Antiquités de Grenoble, ou Histoire ancienne de cette ville d'après ses monuments* (Grenoble, Peyronard, 1807) : numéro I. page 1.

[2] Eod., numéro X. page 65.

[3] Eod., numéro VII. page 53.

[4] Eod., numéro III. page 36.

Lesdiguières jusque vers 1597 : III. 3. XXVII. — ' Id. d'un ms. d'un prêtre insermenté du diocèse de Grenoble pendant la période révolutionnaire : III. 5. XIX. — ' Id. d'un ms. émanant de M. Binelly, inspecteur général des mines en 1785 : III. 14. XIX. — ' Id. d'un ms. inédit de Faujas-de-Saint-Fonds : Journal de sa mission dans les Pays-Bas en 1795 : III. 18 (1re partie). XVIII. — ' Id. d'un Nobiliaire inédit de la province de Dauphiné, de Chorier : ibid., XXI. — '' Id. relative à une Chronique de Gap écrite au XVIIIe siècle par Dominique de Rochas, et qu'on propose de faire imprimer : III. 14. XVI. — Discours prononcés en prenant la présidence : III. 15. 3 ; III. 18 (1re partie). 3 — Étude sur les Baquelier, citoyens de Grenoble, aux XVe et XVIe siècles : III. 18 (1re partie). 4. — '' Mémoire manuscrit de M. Farnaud (fragment), sur une tradition rapportée par M. Ladoucette dans son ouvrage sur les Hautes-Alpes : III. 6. XVI. — Mémoires inédits du général Championnet (fragment) : la campagne de Naples en l'an VII : III. 15. 9. — Notes sur les restes d'un tombeau celtique près Tallard (Hautes-Alpes) : III. 1. 45. — Rapport au maire de Grenoble pour demander la création d'un musée archéologique : II. 3. 33. — Id. sur des modifications proposées au règlement : II. 3. 119. — Id. sur la candidature de M. de Rochas-d'Aiglun : III. 5. XVIII. — Id. sur le musée archéologique créé à Beauvais : II. 3. 53. — '' Id. sur les antiquités préhistoriques du Dauphiné : III. 5. XIX. — '' Id. sur les recherches paléo-ethnologiques de M. E. Chantre : III. 5. XV. — Id. sur une histoire inédite de la Tour-du-Pin, par M. Bouquet : III. 18. (1re partie). 19. — ' Renseignements sur une ancienne habitation ou station romaine près du Forest-St-Julien (Hautes-Alpes), et sur les traces d'une voie romaine se dirigeant de ce village vers celui de Chorges : III. 1. XXV. — Réponse à une circulaire ministérielle relative aux découvertes anthropologiques qui peuvent être faites dans les départements : II. 3. 39. — Réponse au discours de réception de M. Bernard : III. 18 (1re partie). 128. — Id. au discours de réception de M. Fournier : III. 18 (1re part.). 88.

CHAPOT. M. r. : I. 1. 20 ; trésorier : I. 1. 34, 49.

CHAPPUYS. M. r. : III. 8. V ; démissionnaire : III. 13. XIX.

CHAPUYS-MONTLAVILLE. M. r. : I. 3. 193. — Extrait d'un rapport au Conseil général sur la subvention à allouer à l'Académie (historique de la Société : son origine et ses transformations successives) : I. 3. 284.

CHARANSONNAY (DE) : Erreur de Guy Allard sur la généalogie de cette famille : III. 3. XXII.

CHARAUX. M. r. : III. 9. XVII ; m. du conseil d'administration et de rédaction : III. 11. 13, 14. 17, 18. V ; vice-président : III. 12. 15, 20. V ; président : III. 17. XXIII. — Allocution sur la mort de M. le président Gautier : III. 17. 127. — De la pensée : III. 11. 157. — De l'objet dernier de l'enseignement : III. 11. 141. — Discours d'installation comme président : III. 17. 120. — Du langage philosophique : III. 11. 124. — '' Étude philoso-

phique sur le bon sens : III. 17.
XXIX. — ** Id. sur les idées d'être
et d'ordre qui sont le fondement
de toute science : III. 11. XVI. —
Le règne de l'esprit : III. 12. 260.
— Les réformes scolaires à Athènes : dialogue entre Socrate et
Aristobule : III. 16. 149. — Les
trois moments de la pensée humaine : III. 11. 176. — Réponse au
discours de réception de M. Carlet : III. 17. 275. — Id. de M. La
Bonnardière : III. 13. 143. — Id.
de M. Piaget : III. 17. 83. — Id.
de M. Prudhomme : III. 17. 238.
— Id. de M. Rey : III. 17. 265. —
Rire et sourire : III. 13. 252. —
Sur l'avenir de la philosophie :
III. 9. 190.

CHARBONNEL-SALLE. M. r. : I. 1.
22.

CHARCE (Philis de la), ou une hé-
roïne dauphinoise au XVIIe siècle,
par M. A. du Boys : III. 1. 3. —
(Philis de la Tour la) : notes généalogiques, par M. Auzias : III.
2. 182.

CHARLES. * Essai sur l'état de la
civilisation au XIXe siècle : I. 5.
204.

CHARLES LE TÉMÉRAIRE (Documents relatifs aux guerres contre) : I. 2. 639.

** CHARLES VIII (Entrée et séjour
de) à Vienne en 1490 : I. 4. 222.

CHARLES IX (Lettre de) au baron
de Gordes : I. 1. 481. ** — (Lettre
de) au Parlement de Grenoble
sur l'exécution de l'édit de pacification : I. 1. 483.

CHARLES VII (Lettre de) au Conseil delphinal annonçant la victoire de Patay sur les Anglais :
I. 2. 459.

CHARLOTTE CORDAY (Étude sur le
3e acte de), d'après un manuscrit
inédit de Ponsard : III. 16. 69.

CHARMA. * Biographie de Fontenelle : I. 2. 582.

CHARMEIL. Associé libre de la Société littéraire : A. 28.

CHARREL. M. r., puis m. c. : L. 3.
29 ; S. 1. 32 ; S. 2. 32.

* CHARS, son histoire, ses hauts
barons, etc.: Bergogny et ses environs, par M. le Dr Bonnefoy :
III. 10. XLVIII.

CHARTE communale de Crémieu :
III. 20. 288. — de donation à la
Chartreuse de Currière de la
maladerie de Saint-Étienne-de-
Crossey : II. 1. 502. — de fondation de l'abbaye de Beaulieu au
diocèse de Grenoble : III. 3.
332. — dite de Jean de Bernin :
texte latin : III. 1. 435 ; traduction par M. le chanoine Auvergne : id., 339. — Note de M. Gariel
sur ce document : III. 1. 386. —
Note de M. Brun-Durand sur le
nom de l'un des témoins qui
figurent dans cet acte : III. 3.
318.

CHARTES (Deux) dauphinoises inédites du XIe siècle : III. 20. 359.
— (Projet d'un recueil de) relatives à l'histoire du Dauphiné :
nomination d'une commission :
II. 1. 147.

CHARTREUSE DE CURRIÈRE (Donation à la) par Amédée V, comte
de Savoie, de la maladerie de
Saint-Étienne de-Crossey, avec
une note historique par M. Revillout : II. 1. 502.

** CHARTREUSE (Guide du voyageur
à la Grande-), par M. J. Taulier :
II. 1. 712. ** — (Invocation à la
Grande-), par M. J. Taulier : I. 1.
95. — (La Grande-), par Abraham Golnitz [fragment traduit
par M. Macé] : II. 1. 406. * — (La)
DE PARME, par H. Beyle : I. 2.
343. — (L'ancienne) des Écou-

ges : D. 1. III, XIII, 81. — V. au mot : Cartulaire.

CHARTREUX (Fragment d'un ouvrage de M. du Boys sur les) : I. 1. 431. — * (Poème sur les), par le P. Jarry : I. 1. 98. — (Un) à son ami : I. 1. 93.

CHARVET (Baptiste), docteur en médecine à Grenoble. M. r. : III. 16. XIX ; m. du conseil d'administration et de rédaction : III. 17. 18. v. — Armes et autres objets gaulois trouvés à Rives en 1882 (plan et fig.) : III. 17. 295. — Découverte d'une station préhistorique à Rochefort : III. 19. 136. — * Essai de détermination d'époque et d'origine d'un mors de bride trouvé à la Cheppe (Marne) : III. 19. XX. — Les harnachements des chevaux de selle au moyen âge et antérieurement (fig.) : III. 20. 199. — ** Notice historique sur Jean Bazeillac, dit frère Còme, inventeur de la lithotritie, et sur son élève frère Philippe, originaire des Échelles : III. 17. XXVIII. — Plaques de brides muletières au XVIIe siècle (fig.) : III. 17. 102. — * Premier essai de fabrication du papier avec des matières ligneuses : III. 18. XVII. — Recherches sur la date et l'origine d'une lame d'épée trouvée à Renage (fig.) : III. 18 (1re partie), 163. — * Résultats des fouilles archéologiques faites dans le lac de Pala Iru : III. 20. XXI.

CHARVET (Léon). * Notice sur René Dardel, architecte à Lyon : III. 10. XXXIII.

CHATEAU (Le) de Crémieu, ballade dauphinoise : III. 13. 361.

CHATEAUVIEUX (Lettre de M. de) au baron de Gordes : I. 1. 550.

CHAUFFARD. M. c. : I. 1. 24.

CHAULIEU (abbé de). * Lettres iné-dites, précédées d'une notice par M. le marquis de Bérenger : I. 3. 351.

** CHAUX sulfatée quartzifère (Mémoire sur la), par M. Pontier, d'Aix : S. 2. 84.

CHÊNE (Le vieux), poésie : III. 13. 357.

CHÉPY (Souvenirs sur) : I. 3. 767.

CHÉRIAS. M. c. : I. 1. 276. * Aperçu sur les illustrations gapençaises : I. 3. 75. — * Histoire du général Lamotte de Lapeyrouse : I. 1. 277. — Le Gapençais et l'église de Gap aux VIIe et VIIIe siècles : III. 7. 52.

CHERVIN aîné. M. c. : III. 6. XV.

CHEVALIER (abbé). * Paradoxes scientifiques : I. 4. 501.

CHEVALIER (abbé C.-U.-J.). M. c. : III. 2. XXXVII. — Cartulaire de Saint-Chaffre (extrait, avec notice préliminaire et tables) : D. 2. 6e livraison. — Cartulaires de l'église et de la ville de Die (avec notice préliminaire et tables) : D. 2. 3e livraison. — Catalogue des évêques de Grenoble : III. 3. 358. — Charte de fondation de l'abbaye de Beaulieu au diocèse de Grenoble : III. 3. 332. — Chronique abrégée de l'église de Vienne : D. 2. 5e livr., p. 14. — Chronique des archevêques de Vienne : ibid., p. 20. — Chronique des évêques de Valence : ibid., p. 31. — Hagiologe pontifical viennois, etc., (avec notice préliminaire et tables) : D. 2. 5e livraison. — Nécrologe de Saint-Robert-de-Cornillon (avec notice préliminaire et tables) : D. 2. 4e livraison. — Mention honorable accordée à M. l'abbé Chevalier par l'Académie des inscriptions et belles-lettres : III. 11. LXXXI. — Notice sur un Cartulaire en partie iné-

dit des Dauphins de Viennois :
III. 3. 127. — Notice sur un Cartulaire inédit de la ville de Grenoble : III. 3. 341. — Pouillés des
diocèses de Vienne, Valence, Die
et Grenoble : D. 2. 7ᵉ livraison. —
** Une ancienne généalogie des
Dauphins de Viennois : III. 2.
XXXII.

CHEVALIER (Dʳ Ulysse). M. c. : III.
1. XLI. — * Essais historiques sur
les hôpitaux et les institutions
charitables de la ville de Romans : III. 1. 392. — * Notice historique sur la famille de Lionne :
lettres inédites d'Hugues de
Lionne : III. 1. 3, 345.

CHEVRIER. M. c. : II. 1. 243. —
** Fouilles de Saint-Jean-des-Vi-
gnes, près Châlons : II. 1. 243. —
* Fouilles de La Grange-Frangy :
III. 4. XIX. — * Notice sur diffé-
rents objets antiques trouvés à
Châlons-sur-Saône : I. 3. 281.

CHIMIE (Histoire et progrès de la) :
I. 1. 74.

* CHIRURGICALES (Mémoire sur diverses opérations) : I. 1. 373.

CHODERLOS DE LACLOS. M. c. : S.
1. 35 ; S. 2. 42.

CHOISY (DE). ** L'art de la construction chez les Romains : III. 10. XV.

* CHOLÉRA (Mémoire sur le), par
M. le Dʳ Niobey : III. 1. 141.

CHOLLET (Dʳ). M. c. : I. 1. 204. —
* Mémoire sur la formation d'un
cabinet d'amateur et d'une collection géologique des Cévennes :
I. 1. 204. — * Mémoire sur la
peste qui a régné épidémique-
ment à Constantinople, en 1834,
etc. : I. 1. 205.

CHONAS (Note sur le château de) :
III. 17. 98.

CHORIER. — Adversaria, ou Mémoires (traduction française) : III. 3.
380. — ** Nobiliaire de Dauphiné

(ms. inédit communiqué par
M. Eug. Chaper) : III. 18. XXI.

* CHORON (Biographie de), compo-
siteur de musique : I. 2. 528.

CHRONIQUE abrégée de l'église de
Vienne, ou Fundatio Sanctæ
Viennensis Ecclesiæ : D. 2 (livr. 5).
14. — des archevêques de Vienne
(Chronicon antistitum Viennensium jussu Burnonis episcopi
anno MCCXXXIX conscriptum) :
D. 2 (livr. 5). 20. — des évêques
de Valence (Chronicon episcoporum Valentinensium a variis au-
thoribus auctum et ad nostra fere
usque tempora perductum) : D.
2 (livr. 5). 31. — latine sur les
guerres de Charles le Téméraire :
I. 2. 640, 646, 651, 653, 655.

* CHRONOLOGIE ÉGYPTIENNE (Recherches sur la), d'après les
listes généalogiques : III. 11.
LXXIII.

** CHRYSALIDE (Ma dernière), pièce
de vers : S. 2. 64.

** CICÉRON (L'Orateur, de), trad.
nouvelle : S. 2. 77, 78.

CIPPE funéraire trouvé à Romagnieu : II. 1. 229.

* CIRCASSIENS (Souvenirs des dernières expéditions russes contre
les) : I. 2. 107.

CIRCULAIRE MINISTÉRIELLE annonçant la publication d'un Bulletin
des Sociétés savantes, et demandant à chaque Société l'envoi de
deux exemplaires de son Bulletin
et l'impression de tables alphabétiques : I. 5. 135. — * du 14 janvier 1875, demandant des renseignements sur l'origine, les travaux et le règlement de chaque
Société : III. 11. LXXVI. — fixant
la date du Congrès des Sociétés
savantes pour 1864, et réglant
l'ordre des travaux : II. 3. 23. —
plaçant les Sociétés savantes sous

le patronage des Recteurs : II. 1.
9. — relative à la publication d'un
Recueil des inscriptions de la
Gaule et de la France : II. 1. 11.
— relative à la publication de la
correspondance du cardinal Mazarin : id. — relative aux lectures
à la Sorbonne : III. 2. XVI. — relative aux recherches archéologiques et préhistoriques dans les
départements : II. 3. 16. 39.

CITATIONS (Des), par M. Am. Ducoin : I. 3. 578. ** — (Observations
sur les) des poètes et principalement d'Homère, dans le *Corpus
juris*, par M. Berriat-Saint-Prix :
S. 2. 53.

CIVILISATION (Étude sur la) : I. 5.
174.

CLAPPIER (Notes sur), médecin et
botaniste, par Villars (publiées
par M. Macé) : II. 2. 358.

CLERC-JACQUIER (abbé). M. c. : III.
6. XV. — * Monographie religieuse
et historique de Moirans : I. 5. 32.
— ** Notice sur Saint-André-en-
Royans : id. — Notices sur les
prieurés de Saint-Robert et des
Écouges : D. 1. III. XIII. — * Parménie et ses vicissitudes : I. 5.
221.

CLOUET. * Du droit de punir : III.
10. LXVII.

CLOUET (Explication du sujet d'un
tableau de), par M. Gariel : II. 3.
205.

CODE CIVIL (Théorie du), fragments :
I. 1. 101, 144, 282, 285. ** — (Notes
élémentaires sur le) : I. 5. 108.

* CŒUR DE SAINT LOUIS (Découverte du) sous le maître-autel de
la Sainte-Chapelle : I. 2. 197. 215.

COLAUD DE LA SALCETTE. M. r. :
A. 27 : II. 1. 357.

* COLBERT (Mgr) ou Cuthbert de Ca-
stlehill, ancien évêque de Rodez :
III. 1. 278.

** COLIGNY (Arrêt du Parlement de
Paris contre l'amiral de) : I. 1.
492.

COLLECTIONS ANTHROPOLOGIQUES
(Circulaire relative aux) du Mu-
séum d'histoire naturelle de Paris
et aux ressources que peuvent
fournir les départements pour
les compléter : II. 3. 16. — Réponse au Ministre : II. 3. 39.

COLOMB. * Notice sur la vie et les
ouvrages de Henri Beyle : I. 2.
295.

COLOMB DE BATINES. M. c. : I. 1.
24. — * Catalogue des Dauphinois
dignes de mémoire : I. 3. 532. —
* Mélanges biographiques et bibliographiques par MM. — et
Jules Ollivier : I. 1. 118. — * Notice sur l'origine de l'imprimerie
en Dauphiné : I. 1. 117.

COLONNE MILLIAIRE (Dissertation
sur une) découverte à Saint-Paul-
d'Izeaux : III. 1. 349.

COLSON. M. c. : L. 3. 28 ; m. r. : S. 1.
22 ; S. 2. 20 ; m. du Comité : S. 2.
17. — ** Mémoire sur le rapport qui
existe entre le mètre et la toise
delphinale : S. 2. 61. — ** Tableau
de réduction des anciens poids
et mesures de l'Isère en poids et
mesures nouveaux : id.

** COMÉDIE (Histoire de la) : introduction : S. 2. 63.

** COMMERCE (Notice sur le) et l'industrie dans l'ancien Dauphiné :
III. 15. XIX.

COMMINGES (Lettre du comte de),
gouverneur du Dauphiné, au Parlement de Grenoble, contenant le
récit de la bataille de Bussy, ga-
gnée en 1471 contre les Bourgui-
gnons : I. 2. 641.

* COMMUNE (Organisation de la)
sous le rapport des intérêts ou
plutôt des besoins moraux et
matériels : I. 3. 64.

COMMUNISME (Réflexions sur le) : I. 2. 440.

COMOLLI. M. c. : S. 2. 34.

COMPANYO (Dr). * De la nécessité du reboisement des montagnes : I. 2. 694. — * De l'éducation du ver à soie : I. 2. 696.

COMPTES RENDUS des travaux des Académies et Sociétés savantes. V. au mot : Académies et Sociétés savantes[1].

COMTE. M. r. : S. 2. 25. — ** De l'influence de l'état nerveux, comme cause ou comme symptôme essentiel dans les maladies : S. 2. 61.

COMTE (Achille). M. c. : I. 2. 391. — * Atlas méthodique de cahiers sur l'histoire naturelle : I. 2. 326. — * Rapport sur le même ouvrage, par M. Bourgeois : I. 2. 736.

CONCLUSION MORALE dans les œuvres d'art (De la) : II. 1. 366.

CONCOURS. V. au mot : Académie delphinale.

CONCOURS SCIENTIFIQUE de Saint-Brieuc (Compte rendu du) : III. 10. XLIV.

CONDILLAC (De l'influence exercée par) dans la philosophie et les lettres : III. 2. XXI. 135. — et sa philosophie : III. 17. 13. — * L'art d'écrire, de) : III. 3. 147.

CONDITION (De la) civile et politique des femmes : III. 5. 262 ; III. 6. 161. ** — (De la) des ouvriers et des artistes chez les Grecs : III. 10. XV.

CONDITIONS (Des) de la vie pour l'homme sur la terre : III. 12. 163.

CONDORCET (Marquis de). Associé libre de la Société littéraire : A. 29 ; II. 1. 360.

* CONFÉRENCES (Des) philosophiques sur la religion : I. 2. 95.

* CONFESSIONS de saint Augustin (Fragment d'une introduction des), par M. Em. Burnouf : I. 4. 482.

CONFLUENT du Drac et de l'Isère au XVIe siècle : I. 5. 36.

CONGRÈS PÉNITENTIAIRE (Résolutions du) de Francfort (c. r. par M. A. du Boys) : I. 2. 157.

CONGRÈS SCIENTIFIQUE de Gênes (Observations sur le), par M. L. Hermenous : I. 2. 328. — italien, tenu à Gênes en 1846 (c. r. par M. Bourdat) : I. 2. 212.

CONSCIENCE (Étude philosophique sur la) : I. 5. 8.

CONSPIRATION DE DIDIER (chap. IV de la vie de Sébastien de Planta, par M. A. du Boys) : II. 2. 126. — * (Histoire de la) en 1816, par M. Aug. Ducoin : I. 1. 428.

** CONSTRUCTION (L'art de la) chez les Romains, par M. de Choisy : III. 10. XV.

** CONSULTATION sur une maladie compliquée de calculs et de goutte : S. 2. 88.

CONTAMINE (Sablières la). M. c. : A. 28.

CONVENTION entre les délégués protestants et les catholiques pour

---

[1] Pour les autres comptes rendus et rapports faits par des membres de l'Académie, soit sur un sujet spécial, soit sur des ouvrages de sciences, d'histoire ou de littérature, on les trouvera mentionnés : 1° au mot correspondant au sujet traité ou au titre de l'ouvrage dont il est rendu compte ; 2° au nom de l'auteur de l'ouvrage. Ces mêmes travaux sont mentionnés en outre au nom du rapporteur, sous le titre générique : Rapports.

l'exécution de l'édit de pacification en 1578 : I. 1. 558.

* Coq (Le) de Saint-Maurice, chronique, par M. Badon : I. 1. 99.

Cormon de Villemer. M. de la Société littéraire : II. 1. 336.

Corneille (Étude sur les commencements de) : II. 1. 69.

Cosmogonie (La Nouvelle) : III. 20. 207. — de Laplace, analyse, par M. Bourdat : I. 5. 124. — de Moïse (Harmonie de la) avec les sciences modernes, par M. Imbert-Desgranges : I. 5. 128.

Coste. Fait hommage à l'Académie, par l'intermédiaire de M. de Galbert, d'un volume de poésies, intitulé : Pâquerettes et soucis : III. 9. xvi.

Coston (baron de). M. c. : III. 11. xx.

Cot (Lettre de N.), secrétaire du baron de Gordes, à ce dernier : I. 1. 491.

Cotisation. V. Académie, règlement.

Cotton (abbé). M. r. : III. 5. xvii.

Cougny. * Le capitaine François de La Noue, dit Bras-de-fer : III. 10. xlvii.

Cour de Grenoble (Visite de la) à Napoléon Ier à son retour de l'île d'Elbe : III. 1. 366.

Couraud. M. r. : II. 2. 377, 381 ; m. c. : III. 8. xx.

Cournot. Vice-président : I. 1. 33. 49 ; président : id., 34 ; m. c. : id., 23. — * Traité de calcul infinitésimal : I. 1. 271.

* Cours d'eau (Étude sur les) à fond mobile, par M. Cunit : II. 1. 52.

** Cours de philosophie de Chalvet (Discours d'ouverture du) : S. 2. 58. — * de M. l'abbé Bourgeat : II. 1. 21.

Courtade. M. r. : III. 2. xxvi.

Courtois. * Mémoire sur l'emplacement du Portus Itius de César : III. 1. 273.

Courtois-Minut (de). M. de la Société littéraire : président en 1790 : A. 26 : II. 1. 358.

Cousin. M. c. : II. 1. 403.

* Coutumes inédites de Perpignan : I. 3. 295.

Couvent des Jacobins (Ancien emplacement du) : III. 13. 10.

** Crayons (Mémoire sur la fabrication des) de pâte sanguine : S. 2. 76.

** Crédulité (Mémoire sur la) née de l'ignorance : S. 2. 63.

* Crémieu ancien et moderne, par M. Calvet-Rogniat : I. 2. 664. — (Charte communale de), publiée par M. Delachenal : III. 20. 288.

* Croisades (Résumé de l'histoire des), par M. Roux-Ferrand : I. 2. 169.

** Croquis égyptiens, par M. Em. Guimet : III. 3. 231.

Crottes (Le seigneur des), nommé commandant des troupes royales dans le Briançonnais : I. 1. 677.

Crozals (de). M. r. : III. 19. xix. — L'esprit public en France et le moyen âge : III. 20. 19.

Crozat (abbé). M. c. : III. 8. xvi.

Crozet (Félix). M. r. : I. 1. 21 ; trésorier : I. 1. 91, 98, 162, 228, 300, 365, 477, 710 ; I. 2. 185, 364 ; — sorti de la Société en 1849, y rentre en 1867 : III. 3. xviii, xix ; secrétaire adjoint : III. 4. xxv ; — 5. v ; — 6. v ; — 7. xv ; démissionnaire : III. 11. xix. — Essai sur l'histoire de la romance : III. 9. 113. — Le Dauphiné sous les Dauphins : III. 7. 3. — Notice sur les archives de l'ancienne Chambre des Comptes : III. 4. 72. — Observations

sur l'Anthologie nouvelle, ou Recueil de poésies patoises des bords de l'Isère, par M. Lapaume : III. 3. 136. — Rapports : I. 1. 229, 542 ; I. 2. 32, 128, 129 ; III. 4. XVII ; ** III. 5. XVII, XX ; III. 6. XV. — Recherches sur la musique ancienne : III. 4. 138 ; III. 5. 321. — ** Revue de la musique dramatique en France (hommage à l'Académie) : III. 3. XVII. — Traduction des Mémoires de Nicolas Chorier : III. 3. 380.

CROZET (Louis), ingénieur en chef des ponts et chaussées. M. r. : I. 1. 20.

CROZET (DE). M. c. : II. 3. 184. 196. — Compte rendu de ses œuvres, par M. Gariel : II. 3. 366.

CRYPTE de Saint-Laurent : V. Saint-Laurent.

* CUJAS et Toulouse : controverse entre MM. Benech et Berriat-Saint-Prix : I. 1. 296. — * (Observation sur un mot attribué à) : I. 1. 365.

CULARO : situation, antiquités : S. 2. 61 ; I. 1. 64 ; II. 2. 392 et ss.

CUNIT. M. r. : I. 1. 367. — * Étude sur les cours d'eau à fond mobile : II. 1. 52. — Mémoire sur le profil des routes : I. 1. 401. — ** Mémoire sur l'endiguement de l'Isère : I. 4. 195.

CUREL. * Considérations sur la misère : I. 3. 47. — * Parti à prendre sur les enfants trouvés : I. 3. 328.

CUYPER. M. c. : I. 2. 839.

D

DALBOUSSIÈRE. M. r. : I. 1. 22 ; secrétaire adjoint : I. 4. 1. 303 ; I. 5. 5, 8, 124. — Décédé : II. 1. 65.

DALIGNY. M. r. : I. 1. 20 ; m. du conseil d'administration : id. ; président : I. 1. 49. — * Des caractères physiques et moraux des différentes races humaines : I. 1. 50. — Rapport sur un projet de fusion avec la Société de statistique : I. 1. 86.

DAME (La), poésie : I. 2. 399.

DANTARD. M. r. : I. 1. 22.

DANTE. Traduction en vers de deux épisodes de l'Enfer : III. 12. 274.

* DARDEL (Notice sur René), architecte à Lyon : III. 10. XXXIII.

DARESTE DE LA CHAVANNE. M. c. : I. 5. 14.

DAUPHINÉ (Carte du) et de la Savoie sous la domination romaine : II. 2. 386, ou à la fin du volume ; frais d'impression de cette carte : II. 3. 116. — (Découvertes archéologiques faites en) pendant l'année 1879 : III. 15. 41. — (De l'ancienne organisation du) et de l'état de ce pays lors de sa cession à la couronne de France, ou Dissertation sur le statut delphinal : II. 1. 163. — (De l'ancienneté de l'homme en) : les Troglodytes de l'époque néolithique dans la vallée du Graisivaudan, par M. Fière : III. 16. 200. — (De l'ancienneté de l'homme dans la province du), par M. Florian Vallentin : III. 15. 214. — (Documents relatifs aux États du)

tenus à Romans en 1438 : III. 19. 198. " — (Étude sur les jetons banaux du) : III. 20. XXIII. — (Géographie ancienne du) et de la Savoie : II. 2. 386. * — (Histoire du), par M. Jules Taulier : II. 1. 53. " — (Introduction à une nouvelle histoire du), par M. Burdet : I. 1. 100. — (Jetons du) : III. 15. 175. " — (Le) littéraire : étude sur les Sociétés savantes qui ont existé dans notre région : III. 15. XVIII. — (Le) sous les Dauphins : III. 7. 3. — (Le mouvement scientifique et littéraire en) en 1859 : III. 2. 11. — (Les cathédrales du), analyses archéologiques ; premier article : la cathédrale d'Embrun : III. 3. 256. — (Les marques de notaires en) : III. 14. 46. " — (Les merveilles du) : III. 12. XXII : — 13. XVI. " — (Les savants et gens de lettres du ci-devant) : S. 2. 58. — (Mémoire sur la politique des Romains en) : I. 5. 224. — (Mémoire sur la tenue franche en), ou Mémoire relatif à un point d'histoire locale ; sens de l'adage dauphinois : *Nul seigneur sans titre* : III. 2. 74. " — Mémoire sur l'origine et la nature de la puissance delphinale : I. 4. 676. — (Mémoire sur quelques points controversés de la géographie du) et de la Savoie, avant et pendant la domination romaine : II. 2. 386. — (Méreaux et jetons ecclésiastiques du) : III. 16. 376 (nombreuses figures dans le texte. * — (Numismatique féodale du) : II. 1. 518. 588. " — (Preuves de l'histoire du) : III. 4. XX. — (Projet d'un atlas historique et géographique du), par M. Imbert-Desgranges, et rapport de M. Jules Ollivier sur ce projet : I. 1. 87. 92. — (Recherches sur les an-

ciens vestiges germaniques en) : II. 2. 252, 439. — (Sur la prérogative du commandement dans la province de) attribuée à la présidence du Parlement, en l'absence du gouverneur et du lieutenant général : III. 6. 3. — (Voies romaines du) et de la Savoie : II. 2. 412. — (Travaux de M. Menabrea concernant le) : I. 2. 394.

DAUPHINOIS (Catalogue des) dignes de mémoire : I. 3. 532.

DAUPHINOIS (Les gentilshommes) à la bataille de Verneuil : III. 20. 347.

DAUPHINS (Généalogie des) : D. 1. 76.

DAUSSE. Associé libre de la Société littéraire : A. 28 ; II. 1. 360. — M. ordinaire du Lycée, puis de la Société des sciences et arts : S. 1. 24. — M. du comité : S. 1. 42. — M. c. : S. 2. 37.

DAUSSE (Benjamin). M. c. : I. 1. 24 ; m. r. : I. 4. 4 (note) ; I. 5. 15. — Communication relative à la machine à tisser de Vaucanson : I. 5. 14. — " Propose diverses modifications au règlement : III. 1. XLI. — Démissionnaire : III. 2. XVI.

DAVAUX (abbé). Bibliothécaire de la Société littéraire : II. 1. 343 ; m. vétéran en 1790 : A. 27.

DEBANNE. M. r. : III. 8. XVIII ; m. du conseil d'administration et de rédaction : III. 11. 42. v : m. c. : III. 13. XIX. — Des sociétés savantes et de l'utilité de leurs travaux : III. 8. 97.

DEBELLE. M. r. : I. 1. 21.

DÉCENTRALISATION INTELLECTUELLE (Projet de) : III. 1. XXVII. XXVIII.

DECORDE. M. c. : I. 1. 24. 197. —

* Jephtali, poème : I. 1. 292. —
* La sagesse : I. 1. 683.

* DÉFENSE (La) de la poésie, par sir Philip Sidney : III. 12. 24.

DEFFEORME (Lettre des sieurs) et Rame aux consuls de Briançon : I. 1. 680.

DEGÉRANDO ou de Gérando. M. c. : S. 1. 35 ; S. 2. 35.

DELACHENAL. M. c. : III. 19. XIX. — Documents relatifs aux États de Dauphiné de 1438 : III. 19. 198. — Les gentilshommes dauphinois à la bataille de Verneuil : III. 20. 347.

DELACROIX. M. c. : I. 1. 23.

DELAGRÉE ou de la Grée. M. de la Société littéraire : A. 25 ; II. 1. 337. — M. ordinaire du Lycée : S. 1. 24.

DELAISTRE. M. r. : I. 1. 22. — Rapports : I. 1. 118, 260, 295.

DELANDINE. V. Landine (de).

DÉLATEURS (Les) à Rome : III. 13. 147.

DELAY-DAGIER (De). Associé libre de la Société littéraire : A. 30.

* DÉLITS de chasse (De la prescription des) : I. 1. 365.

DELORME. M. c. : I. 1. 344. — * Des mosaïques anciennes de Vienne : I. 1. 359. — * Dissertation sur l'enceinte fortifiée de Vienne, et rapport sur les fouilles exécutées dans les jardins de l'hospice de cette ville en 1838 : I. 1. 360. — ** Notice sur les fouilles exécutées à Vienne en 1842 : I. 1. 344. — * Rapport sur le déplacement du tombeau d'Étienne de Poisieu : I. 1. 650.

DELORME (Emmanuel). M. c. : III. 20. XX.

DENANTES. M. r. : I. 2. 107 ; m. du conseil d'administration : I. 3. 11. 351.

DEPÉRY (Mgr), évêque de Gap. M. c. : II. 1. 593, 595. — Décédé : II. 2. 14.

* DÉPORTATION (Observations sur la) : I. 1. 100.

** DERNIER CHANT (Le) d'un vieux citoyen : S. 2. 63.

* DERNIERS JOURS (Les) de l'Empereur, poème : I. 1. 361.

DESCARTES (Étude philosophique sur) : I. 5. 210.

DESCHAZELLES. M. c. : S. 2. 39. — ** Mémoire sur l'influence de la peinture sur les arts d'industrie commerciale : S. 2. 62. ** —Compte rendu de cet ouvrage par M. Réal : S. 2. 84.

DESCORCHES. M. c. : S. 1. 36 ; S. 2. id.

* DESCRIPTION du Comtat Venaissin, de la Bresse, etc., par Aymar du Rivail (trad. de M. Macé) : I. 5. 32.

DESGRANGES. V. Imbert-Desgranges.

DESHOULIÈRES (Mme) : sa liaison avec la famille de la Charce : son séjour en Dauphiné : III. 4. 9.

DESJARDINS (Arthur). * Servan et l'instruction criminelle : III. 19. 7.

DESJOBERT. * Notice sur des médailles romaines trouvées au Mans : I. 3. 347.

DESMARETS. M. c. : S. 2. 33.

DESPLAGNES. M. r. : III. 16. XXIII. — ** Étude sur la réforme judiciaire du chancelier Maupeou et ses conséquences en Dauphiné : III. 17. 90.

DESSAINS. ** Le Hanneton et l'Enfant, le Serin et le Chat, le Jeune homme et le Vieillard, fables : I. 4. 224.

* DEUX ÉPOQUES (Les), poème : I. 1. 710.

DEUX ET DEUX FONT QUATRE, poème : III. 2. 297.

Devaux (abbé). M. c. : III. 17. xxii.

Devèze. M. r. : III. 20. xx.

Devoulx. M. c. : III. 1. xxxv. — *Les archives du Consulat général de France à Alger : III. 1. 175.

Dewandre. avocat à Liège. M. c. : I. 3. 283.

Deymard, ou d'Eymard. M. c. : S. 1. 35.

Deynez. M. r. : II. 1. 243.

** Dictionnaire de botanique de M. Mouton-Fontenille : S. 2. 90. ** — de pharmacie de M. Rivet : S. 2. 68. * — topographique de la Dordogne : III. 10. lviii.

Didier. M. r. : S. 2. 25. — ** Du retour à la religion : S. 2. 63. — (Histoire de la conspiration de) en 1816 : * I. 1. 428 : II. 2. 126.

Die (Cartulaires de l'église et de la ville de) : D. 2 (livr. 3). — (Inscription funéraire de Publicus Calistus, à) : III. 12. 119. — (Inscription funéraire récemment découverte à) : III. 15. 243. — (Pouillé du diocèse de) : D. 2 (livr. 7). 63.

Dietrich (baron de). Associé libre de la Société littéraire : A. 29 ; II. 1. 360.

** Dieu et ses ouvrages, ode : S. 2. 74.

* Dieu, l'homme et la parole : I. 4. 518.

** Dieux (Les) de la cité des Allobroges. V. Allobroges.

Dime royale (Réflexions sur le traité de la), par le maréchal de Vauban : I. 3. 539.

** Discours (Fragment d'un) sur l'influence de la poésie : S. 2. 77.

** Dissertation sur l'apologue, sur les fabulistes anciens et modernes, et sur La Fontaine : S. 2. 63. ** — sur le drame : S. 2. 63. * — sur l'épopée-roman, ou poésie héroï-comique : S. 2. 63. ** — sur les causes qui différencient le style des anciens et celui des modernes : S. 2. 77. " — sur les quatre grands poètes tragiques français : S. 2. 64. " — sur l'état de la tragédie en France, après les grands maîtres tragiques : id.

Divinités indigètes du Vocontium (Essai sur les) : III. 12. 171 ; III. 13. 365.

** Divorce (Observations sur le) et l'adoption : S. 2. 53.

Dochier. Associé libre de l'ancienne Académie delphinale : A. 29 ; m. c. : S. 2. 39. — Éloge historique du chevalier Bayard : M. 3, 3e mémoire (in-4° : 3. 129).

Dode de la Brunerie (maréchal). Lettre relative à la Journée des Tuiles : III. 11. 115.

Dolomieu (de Gratet de), m. de l'Académie des sciences et de l'Institut. — Associé libre de l'ancienne Académie delphinale : A. 28 : II. 1. 360 ; m. c. du Lycée : L. 3. 25 ; S. 2. 41. ** — (Éloge historique de), par M. Gagnon : S. 2. 67.

* Domaine public (Histoire du) chez les Romains : I. 4. 195.

* Domat (Observations sur) et ses œuvres, par Berriat-Saint-Prix : I. 1. 365.

Dombey, médecin. Associé libre de la Société littéraire : A. 29.

Domène (Étude sur), par M. A. du Boys : I. 5. 50.

Dommages résultant des eaux nuisibles : étude sur les mesures employées pour les prévenir dans l'ancienne législation dauphinoise : III. 3. xxiii. 213.

* Donations (Mémoire sur la révocation des), par M. Berriat-Saint-Prix : I. 1. 493.

Donnant. M. c. : S. 2. 37.

Dorgeval-Dubouchet. M. c. : I. 2.

806. — * Guide des baigneurs aux eaux thermales de la Motte : I. 2. 799.

DOUGLAS (Comte). M. c. : III. 2. XXXI. — Correspondance de Lesdiguières et documents relatifs à son administration ; publication entreprise avec le concours de l'Académie : III. 2. XXVIII, XXX, 173.

* DOUILLET (Notice historique et statistique sur la commune de), par J.-B. Pasquier, instituteur : III. 10. LXVIII.

DOUSSEAU. * La grande guerre, ou Histoire de l'expulsion des Maures d'Espagne : III. 10. LXXVIII.

DRAC (Confluent du) et de l'Isère au XVIe siècle : I. 5. 36.

DRAMARD. * Épisode de la Révolution dans le département de Seine-et-Oise : la famine de 1789-1792 : III. 10. XLVI.

DRIER-LAFORTE. M. c. : S. 3. 34.

DRIVAL (Van). V. Van Drival.

DROIT ADMINISTRATIF (Considérations sur l'enseignement du) : II. 1. 587.

** DROIT CONSTITUTIONNEL FRANÇAIS (Théorie du), par M. Berriat-Saint-Prix : I. 5. 15.

DROIT CRIMINEL (Histoire du) chez les anciens et chez les modernes, par M. A. du Boys : préface : ** I. 1. 100 ; fragments divers : I. 1. 366 ; I. 5. 172 ; II. 1. 147 ; * I. 1. 85, 144 ; * I. 4. 539 ; * II. 1. 243, 518, 390, 585. — Compte rendu critique de cet ouvrage, par M. C. de Ventavon : I. 2. 175.

DROIT DE PROPRIÉTÉ (De l'origine et de la nature du), par M. Fréd. Taulier : I. 1. 144. — (Mémoire sur l'origine et la nature du), par M. Burdet : I. 3. 513.

* DROIT DE PUNIR (Du) : III. 10. LXVII.

** DROIT DE TESTER (Du) à Athènes, par M. Caillemer : III. 5. XVI.

* DROIT PRIMITIF (Étude sur le) des sociétés humaines) : II. 1. 54.

* DRÔME (Deuxième promenade d'un épigraphiste dans la), l'Ardèche, le Gard, etc. : III. 10. XXIX.

DRONTHEIM (Société des sciences et lettres de) ; compte rendu de ses travaux : III. 11. LXXII.

DUBEUX. M. c. : I. 2. 391. — ** De la juridiction des prud'hommes pêcheurs de la Méditerranée : II. 1. 390. — * La défense des pauvres devant les tribunaux : I. 2. 336.

DUBOIS-FONTANELLE. M. r. : L. 3. 23 ; S. 1. 20 ; m. du comité : S. 1. 42 ; président : S. 1. 39 ; m. c. : S. 2. 38. — ** Discours d'ouverture de la séance publique du 30 thermidor an VII : S. 2. 63[1]. — ** Dissertation sur l'apologue, sur les fabulistes anciens et sur La Fontaine : id. — ** Dissertation sur le drame : id. — ** Dissertation sur l'épopée-roman, ou poésie héroï-comique : id. — ** Dissertation sur les quatre grands tragiques français : S. 2. 64. — ** Dissertation sur l'état de la tragédie en France, après les grands maîtres tragiques : id. — ** Essai sur la poésie didactique : id. — ** Essai sur l'opéra : id. — ** Essai sur les chansons : id. — ** Essai sur les contes : id. —

---

1 V. aussi : L. 3, en tête. et S. 1. 5.

** Histoire de la littérature : S. 2. 63. — ** Introduction à l'histoire de la comédie : id. — ** L'amitié, pièce de vers : S. 2. 64. — ** Le dernier chant d'un vieux citoyen : id. — ** Les adieux d'un vétéran du Parnasse, stances : id. —** Les plaisirs de la campagne, pièce de vers : S. 2. 64. — ** Mémoire sur la crédulité née de l'ignorance : S. 2. 63. — ** Mes adieux, pièce de vers : S. 2. 64. — ** Rapport sur l'enseignement à établir dans les écoles primaires : S. 2. 63. — ** Un vieil habitué du temple des Muses à un jeune aspirant : S. 2. 64. — Publications diverses : id.

Dubouchage. V. Bouchage (du).

Du Boys. V. Boys (du).

Duchatel, conseiller d'État. M. c. : S. 1. 35 ; S. 2. 36.

Duchatel (Comte), pair de France. M. r. : I. 1. 24.

Duchesne. M. de la Société littéraire : A. 27 ; m. r. et m. du conseil d'administration en 1836 : I. 1. 19. — * Dissertation sur la peine de la déportation : I. 1. 100. — Éloge de Mme de Staël : I. 3. 193. — Notice sur la vie et les ouvrages de J. Berriat-Saint-Prix : I. 2. 197. — Rapports : I. 1. 100 ; I. 2. 95.

Ducis (abbé). M. c. : II. 3. 184, 191. — * La vallée de Beaufort : II. 3. 250.

Ducoin (Amédée). M. r. : I. 1. 19 ; secrétaire : I. 1. 19, 33, 34, 49, 91, 98, 162, 228, 300, 365, 477, 710 ; I. 2. 185, 364[1] ; I. 3. 11, 351 ; nommé m. correspondant de la Société libre d'émulation pour l'encoura-

gement des sciences, etc., de Liège : I. 3. 283. — Des citations : I. 3. 578. — Dissertation sur un vers de Boileau : I. 1. 643. — Id. sur un vers de Gresset : I. 1. 374. — Étude biographique sur Gentil-Bernard : I. 1. 42. — Mémoire sur d'anciennes harangues : I. 1. 406. — ** Notice sur Hugues de Lionne : I. 4. 676. — Observations sur la véritable orthographe du nom de Vaucanson : I. 1. 37. — Observations sur le silence de Boileau sur le compte de La Fontaine : I. 1. 35. — Rapport sur les productions récentes les plus remarquables dans la littérature et les beaux-arts : I. 1. 463. — Rapports sur un projet de fusion avec la Société de statistique : I. 1. 86. — Souvenirs du théâtre de Grenoble en 1793 et 1794 : I. 4. 183. — Souvenirs sur Chépy : I. 3. 767. — Rapports : I. 1. 116, 292, 329, 341, 342, 359, 360, 422, 429, 650, 657, 667, 669, 672, 683, 710 ; I. 2. 130, 133, 169, 186, 295, 343, 358, 602, 672, 702, 723, 770, 799 ; I. 3. 82, 128, 328, 345, 463, 532 ; I. 4. 222, 223, 250. — Notice nécrologique : I. 4. 226.

Ducoin (Auguste). M. r. : I. 1. 22 ; m. c. : I. 2. 9. — * Histoire de la conspiration de Didier en 1816 : I. 1. 428.

Ducros (abbé), bibliothécaire de l'ancienne Académie delphinale : A. 26 ; M. 1. 21, note ; II. 1. 343, 365 ; m. du Lycée des sciences et arts : S. 1. 23 ; S. 2. 21.

** Duel (Mémoire sur les moyens d'anéantir le) : S. 2. 56. ** — (Ob-

---

[1] Le nom de M. Ducoin a été omis dans la composition du bureau pour l'année 1849 (I. 2. 564). Mais il n'en est pas moins certain que cette année-là, comme les autres, il a été maintenu dans ses fonctions de secrétaire.

servations sur la législation du) :
I. 1. 100.

DUFOUR. M. c. : S. 1. 34. — ** A
publié une traduction en vers du
quatrième livre de l'*Énéide* : S.
1. 53. — ** Rapport de M. Gattel
sur ce travail : S. 2. 68.

DUGIT. M. r. : III. 8. XVI ; secrétaire
perpétuel : III. 8 à 14. v ; m. du
conseil d'administration et de rédaction : III. 16. v ; id. 17. XXIII.
— Naxos et les établissements
latins de l'Archipel : III. 10. 81.
— Projet d'une réforme dans les
études classiques : III. 8. 107. —
Programme du concours de 1877 :
III. 12. 283. — Rapport sur le
concours annuel de 1877 : III. 13.
312. — Une excursion sur les
côtes de l'Italie méridionale et
de la Sicile : III. 16. 11.

* DUMONCEAU. Étude sur le poète
hollandais Vondel ou Van der
Vondel : III. 10. LXXVI.

DUMONCEL. V. Moncel (du).

DUMONT (ou Du Mont). M. c. : I. 2.
839.

DUNGLAS. M. r. : I. 2. 32 ; m. du
conseil d'administration : I. 2.
365 ; m. c. : I. 2. 539.

DUPATURAL. M. r., puis m. c. : S.
2. 42 ; secrétaire-adjoint : S. 2.
46. — ** Rapport sur le panoramagraphe de M. Chaix et sur un
instrument de même nature inventé par M. de Tournadre : S. 2.
65. — ** Description d'un horo-
graphe ou machine propre à tracer des cadrans : id.

DUPONT-DELPORTE (baron). M. r. :
II. 3. 15.

DUPORT-LAVILLETTE. M. r. : I. 1.
21.

DUPRÉ DE LOIRE. * L'enseignement
primaire dans la Drôme avant
1789 : III. 10. XXVIII.

DUPUY DE BORDES. Associé libre
de l'ancienne Académie delphinale : A. 28 ; m. r. : S. 1. 23 ; S.
2. 21.

DURAND. M. r. : S. 2. 23. — ** Traduction d'une églogue de Calpurnius : S. 2. 65.

DURAND (Xavier). M. r. : L. 3. 24 ;
m. c. : S. 2. 36. — ** Deux épîtres en vers : S. 2. 65. — ** Mémoire sur l'enseignement de la
langue latine : ibid. — ** Mémoire
sur les moyens d'établir l'instruction dans les campagnes :
ibid. — ** Sonnet adressé à
Mlle Contat : ibid.

DUTEY. M. r. : III. 13. v.

DUVAURE. Associé libre de l'ancienne Académie delphinale : A.
28.

E

** EAUX MINÉRALES des Pyrénées.
V. Pyrénées.

ÉBRARD (D^r). M. c. : III. 1. XLI. —
* Le bureau de bienfaisance de
Bourg : III. 1. 397.

* ÉCLIPSES (Théorie des) : éclipse
annulaire du 9 octobre 1847 : I.
2. 198.

ÉCOLE (L') d'Athènes au IVe siècle :
III. 8. 33.

** ÉCOLE DE MÉDECINE (Mémoire
sur l'établissement d'une) et d'his-

toire naturelle à Grenoble : S. 2. 90.

ÉCOLE DE MUSIQUE (Mémoire sur l'établissement d'une) à Grenoble : S. 2. 58.

ÉCOLE DES CHARTES (Bibliothèque de l') : I. 1. 228.

ÉCONOMIE POLITIQUE (Étude sur l') : introduction de cette science dans l'enseignement secondaire : III. 1. 33.

ÉCOSSAIS (Les) en Rouergue : III. 1. 278.

ÉCOUGES (Cartulaire des) : D. 1. III. 81. — (Notice historique sur l'ancienne Chartreuse des) : D. 1. XIII. — (Prieurs des) : D. 1. 275. — (Sceaux des) : D. 1. 272.

ÉDUCATION des enfants (Mémoire sur l'), et principalement sur les meilleures méthodes à employer pour l'enseignement de la langue latine : S. 2. 65. 66. " — (De l') physique et morale des enfants, par M. Perrier : S. 2. 83. ' — (Mémoire sur l') physique des enfants, par M. le docteur Leroy : I. 1. 198. — (Sur l'), par M. l'abbé Ginon : III. 12. 8. ' — (Traité d'), par M. Rey : I. 1. 202.

ÉGLISE CATHOLIQUE (L') vengée du reproche de favoriser le despotisme : I. 1. 207.

ÉGLOGUE (Traduction d'une) de Calpurnius : S. 2. 65.

ELBE (Souvenirs de l'île d'), 1814-1815, par le Dr Leroy : I. 1. 239.

ELGY, légende bretonne : III. 16. 172.

ÉLÉGIE et stances à sa nièce, par M. de Sinard : S. 2. 86.

ELSEVIER (Généalogie de la noble famille des) : I. 3. 572.

EMBRUN (Essai historique sur la ville d'), par M. l'abbé Sauret : II. 2. 657.

EMBRYOLOGIE. V. Carlet.

ENCYCLOPÉDIE JURIDIQUE DE FALK (Traduction de l') : I. 1. 266.

ENÉIDE. V. Dufour, Grange, Mollevaut.

ENFANT (L') et les Marionnettes, fable . I. 4. 223.

ENFANTIN. M. r. : L. 3. 24 ; S. 1. 22 ; S. 2. 20.

ENFANTS nouveau-nés (Du développement sensible, intelligent, etc., chez les) : I. 5. 192.

ENFANTS TROUVÉS (Parti à prendre pour les) : I. 3. 328.

ENFER (Deux épisodes de l') du Dante (traduction en vers français) : III. 12. 274.

ÉNIGME (Une) en bronze : la statue du Jardin public de Grenoble : III. 1. XLII ; — 2. XV.

ENSEIGNEMENT (De l') à établir dans les écoles primaires : S. 2. 63. — (De l'objet dernier de l') : III. 11. 141. ' — (L') primaire dans la Drôme avant 1789 : III. 10. XXVIII. " — (La liberté d') à Athènes et à Rome : III. 6. XVII. " — (Mémoire sur l') de la langue latine par M. de Lasalette : S. 2. 72. " — (Id.), par M. Xavier Durand : S. 2. 65. — des langues (Dangers d'une méthode uniforme pour l'), par M. Lapaume : III. 1. 211.

EXTREMONT (Notice sur les ruines d') : I. 4. 518.

ÉPERLAN (Histoire naturelle de l') : S. 2. 85.

ÉPIDÉMIES (Les grandes) dans le Briançonnais : III. 20. 174. " — (Mémoire sur les) de l'armée des Pyrénées-Orientales : S. 2. 66.

ÉPINGLES avalées par une jeune femme (Observations sur une quantité prodigieuse d') : L. 3. 86.

ÉPITRE à Amélie : S. 2. 73. ' — à

Jules Janin : I. 3. 8. " — à la
montre de Julie : S. 2. 83. " —
aux Grâces : S. 2. 77. " — en vers
à Bonaparte : id. ' — fraternelle :
I. 4. 535. " — sur la confiance :
S. 2. 83.
" ÉPÎTRES (Deux) en vers : S. 2. 65.
" ÉPIZOOTIE (Mémoire sur une) qui
a ravagé le Piémont : S. 2. 57.
" ÉRICIE, ou la Vestale, tragédie :
S. 2. 68.
ERMENONVILLE en 1807 : III. 14. 57.
ERREUR (De l') : I. 2. 38.
ESPARRON (Récit de la bataille d'),
par Lesdiguières : I. 1. 703.
ESPIÉ. M. r. : L. 3. 23 ; S. 1. 22 ; S.
2. 19 ; secrétaire-adjoint : S. 2.
46 ; m. du comité : S. 2. 47. —
" Démonstration d'une nouvelle
espèce de planétaire : S. 2. 66. —
" Id. du même planétaire per-
fectionné : ibid. — " Mémoire
sur l'éducation des enfants, et
principalement sur les meilleures méthodes à employer pour
l'enseignement du latin : S. 2.
65. — " Mémoire sur l'enseignement de la langue latine : S. 2. 66.
" ESPRIT (L') et la raison, allégo-
rie en vers : S. 2. 75.
ESPRIT DE GOUVERNEMENT (De l')
chez les femmes dans l'ancienne
Bourgogne et l'ancien Dauphiné,
ou Notices sur les princesses
Hermengarde, Marguerite d'Albon, et sur les trois dauphines
Béatrix : II. 3. 224.
ESPRIT DES LOIS (Observations sur
l'), de Montesquieu : I. 3. 549.
ESPRIT PUBLIC (L') en France et le
moyen âge : III. 20. 19.
' ESSAI sur l'état de la civilisation
au XIX⁰ siècle : I. 5. 204. " — sur
les chansons : S. 2. 64. " — sur
les contes : id. " — sur l'opéra : id.
ESQUISSE d'une esthétique. V. Esthétique.

' ESQUISSES zoologiques sur l'homme : I. 3. 93.
ESTHÉTIQUE (Esquisse d'une) : III.
20. 93. — (Études d') : III. 10.
349. " — (Études sur quelques
points d'): III. 9. XVIII. " — (Principes et règles fondamentales de
l') : III. 11. XVIII. — V. encore :
" I. 5. 224, 289.
ÉTATS du Dauphiné. V. Dauphiné.
ÉTATS GÉNÉRAUX (Compte rendu
du concours ouvert sur l'histoire
des) en France depuis 1302 jusqu'en 1614, par M. Amédée
Thierry : I. 2. 129.
ÉTATS PROVINCIAUX DU DAUPHINÉ
en 1578 et 1579 : I. 1. 557. 561. —
en 1614 : I. 1. 232.
ÉTHER SULFURIQUE (De la vapeur
d') ; action stupéfiante de ce gaz :
I. 2. 213.
' ÉTHÉRISATION (Des effets de l')
dans les opérations chirurgicales :
I. 4. 504.
ETHNOLOGIE. Des caractères physiques et moraux des différentes
races humaines : I. 1. 50.
" ÉTUDE ESTHÉTIQUE sur le rôle
de la matière dans l'expression
du beau : I. 5. 289. " — sur les
divers degrés de beauté relative
par où passe la matière pour
arriver à représenter l'esprit : I.
5. 224.
ÉTUDES D'ESTHÉTIQUE : III. 10.
349.
' ÉTUDES PHILOSOPHIQUES : I. 1.
260.
" EULER (Lettres inédites d') à
Wettstein, à Londres : S. 2. 60.
" — Rapport sur les mêmes lettres, par Fourier : S. 2. 67.
ÉVÊQUES de Grenoble. V. Grenoble.
EXCURSION (Une) au Popocatepelt :
III. 13. 237.
EXCURSIONS dans les montagnes
du Dauphiné et de la Savoie : III.

14. 91, 257 ; * — 20. XVIII ; ** —
17. XVIII, XIX, XXII, XXVI, XXVII;
** — 18. XVII ; — * 19. XXIII.

EXILLES (Siège du château d') en
1569 : I. 1. 409.

EXPRESSIONS IMAGINAIRES (Note
relative aux) et aux solutions
étrangères des équations : I. 5.
121.

EXTATIQUE (Rapport sur l') : I. 1.
544.

EXTRADITION (De l') : II. 1. 419.

EYMARD (Silvain). M. r. : I. 1. 21. —
** Observations sur le magnétisme animal : I. 1. 37. — ** Projet
de réorganisation sociale : I. 1. 85.

EYMARD-DUVERNAY. M. r. : I. 1. 22.

EYMARD (d') : M. c. : S. 1. 35.

F

FABLES, ** par MM. Dessains : I. 4.
224 ; ** Grange : S. 2. 69 ; ** Joly :
id., 71 ; ** Lavalette : I. 4. 224 ;
** Maurel : id., 78 ; * Macherez :
I. 4. 532 ; * Mathieu : I. 4. 223 ;
* Morelot : S. 2. 80, 81 ; * Perre-
ton : id. 82 ; * Pfeffel : I. 3. 91 ;
* Schoonen : I. 4. 531.

FABRE (Ad.). M. c. : II. 2. 14. —
* Études historiques sur les clercs
de la Bazoche : II. 1. 57.

FACHEUX (Le), par M. Maignien :
I. 4. 482.

* FACULTÉS HUMAINES (Traité des) :
I. 1. 280.

** FACULTÉS INTELLECTUELLES (Essai sur les), par M. Leroy : I. 1.
37, 40.

FAIVRE. * Considérations sur l'immortalité de l'âme : I. 4. 511.

FALCONNET. * Vie intime, politique
et littéraire de Lamartine : I. 3. 91.

• FALK. * Cours d'introduction générale à l'étude du droit, ou Encyclopédie juridique, traduite par
M. Pellat : I. 1. 266.

FANTIN DES ODOARDS. Associé libre
de l'ancienne Académie delphinale : A. 30.

FANTONI, dit Labindo. M. c. : S. 1.
32 ; S. 2. 33. — * Ode sur le fanatisme : S. 2. 66. — Publications :
id.

FARNAUD. M. c. : S. 1. 33 ; S. 2. 33.
— * Mémoire sur une tradition
rapportée par M. Ladoucette (ms.
lu par M. Chaper) : III. 6. XVI.

FAUCHÉ-PRUNELLE. M. r. : I. 1. 21 ;
président : I. 1. 477 ; — 2. 185 ; —
— 3. 11 ; vice-président : I. 1.
710 ; — 2. 364 ; — 5. 5 ; II. 3. 15 ;
m. du conseil d'administration :
I. 2. 587 ; — 3. 351 ; — 4. 1, 303 ;
— 5. 128 ; II. 1. 241, 401 ; — 2.
379. — Aperçu pittoresque et ro-
mantique sur le Briançonnais :
I. 1. 342. — Cérémonial du bap-
tême d'un dauphin de France :
I. 3. 257. — Cérémonie de la rentrée des cours de justice et origine de la messe du Saint-Esprit : I. 1. 282. — Dissertation
sur un tombeau antique découvert en 1834 à Ristolas : I. 1. 321.
— * Essai sur les anciennes institutions du Briançonnais : II. 1.
52, 235. — Guerres entre Louis XI
et Charles le Téméraire (documents tirés des archives de la
Cour des Comptes) : I. 2. 639. —

Les élections municipales dans le Briançonnais : II. 1. 607. — Lettre de Bayard sur la bataille de Ravenne, avec l'état de l'armée française à cette bataille : I. 2. 845. — Lettre de Charles VII relative à la bataille de Patay : I. 2. 459. — Lettre de François Ier prescrivant le versement immédiat d'un subside levé sur les gens d'église pour l'expédition d'Italie : I. 2. 456. — Lettre de Louis XI invitant l'évêque de Grenoble et les autres prélats du Dauphiné à envoyer une députation à l'assembl' de Chartres : I. 2. 453. — Lettre de Louis XI prescrivant à l'évêque de Grenoble de se rendre à Romans ainsi que les autres prélats de la province pour régler, d'accord avec son grand conseil, diverses difficultés survenues entre les officiers du Dauphin et ceux de l'Église : I. 2. 454. — Lettre de Louis XI priant l'évêque de Grenoble de maintenir la nomination qu'il a faite pour deux ans du juge royal de Grenoble : I. 2. 455. — Lettre de Marguerite (de Valois, première femme d'Henri IV) à l'évêque de Grenoble, l'engageant à user de son influence pour faire accorder un subside que le roi se propose de demander aux États du Dauphiné : I. 2. 456. — Lettre du sieur Rebauteau, commandant de Lyon, annonçant que Paris se serait déclaré contre les Anglais : I. 2. 460. — * Lettres ou copies de lettres des rois et reines de France à l'évêque de Grenoble : I. 2. 452. — Livre du Roy de Briançon (Communications et documents extraits du) : I. 1. 210, 232, 329, 409, 478, 546, 653, 686 ; I. 2. 136, 272, 305, 318 ; I. 5. 267 [1]. — Mémoire sur la recherche des racines incommensurables des équations numéri-

---

[1] Sommaire des diverses lectures faites à l'Académie par M. Fauché-Prunelle, d'après le Livre du Roy de Briançon :

I. 1. 210. — (1589-1594). — Henri IV. — Ses luttes contre la Ligue. — Son abjuration. — Arrêt du Parlement prescrivant l'obéissance au Roi (3 janvier 1594). — Relation de l'entrée d'Henri IV à Paris.

I. 1. 232. — Henri IV. — Son administration en Dauphiné. — États provinciaux de 1614. — Procès des tailles.

I. 1. 329. — (1598-1602). — Paix de Vervins. — Naissance du dauphin. — Lettre du Roi à Lesdiguières, et de ce dernier au vibailly de Briançon. — Procès du maréchal de Biron.

I. 1. 409. — Guerres de religion au XVIe siècle : prise et reprise du château d'Exilles (avril 1569).

I. 1. 478. — (1567-1569). — Guerres de religion. — Lettres de Charles IX et de Catherine de Médicis au baron de Gordes, relatives aux mesures à prendre envers les protestants. — Arrêt du Parlement de Grenoble sur l'exécution de l'édit de pacification. — Lettres du baron de Gordes aux capitaines Berthier et La Cazette. — Ordonnance du gouverneur : lettre du sieur Col, son secrétaire. — Arrêt du Parlement de Paris contre l'amiral de Coligny.

I. 1. 546. — Guerres de religion (1569-1579). — Lettre du duc de Montpensier, gouverneur du Dauphiné, au baron de Gordes, partageant la lieutenance entre ce dernier et Maugiron. — Lettres de Mandelot, gouverneur de Lyon, au baron de Gordes ; — de M. de Châteauvieux au même (1569) ; — du baron de Gordes au vibailly de Briançon (1577). —

ques : I. 1. 563. — Mémoire sur le reboisement et le regazonnement des Alpes, et analyse du rapport fait par M. Blanqui à l'Institut sur l'état économique des départements des Hautes et Basses-Alpes, de l'Isère et du Var : I. 1. 377. — Mémoire sur les animaux des Alpes : I. 2. 775. — Mémoire sur les invasions des Sarrasins dans les contrées de la rive gauche du Rhône, et plus particulièrement dans le Dauphiné et les Alpes : I. 2. 216. 276, 410, 474, 497, 806 ; I. 3. 141. — Mémoire sur les irrigations dans le Briançonnais : I. 5. 110. — " Mémoire sur l'origine et la nature de la puissance delphinale (extrait de l'Essai sur les anciennes institutions du Briançonnais) : I. 4. 676. — Météorologie des Alpes dauphinoises : II. 1. 465. — Observations sur le climat, la température, le niveau des neiges perpétuelles, etc., dans les Alpes dauphinoises : I. 2. 63. — Rapports : I. 1. 111, 181, 206, 271, 277 ; I. 3. 475. — Recherches dans les archives communales du Briançonnais, et notamment du Queyras et de la Vallouise : I. 1. 433. — Recherches des anciens vestiges germaniques en Dauphiné : II. 2. 252, 439. — " Recherches sur l'origine du Parle-

---

États provinciaux de 1578. — Convention conclue entre les délégués des protestants (de Cugy, Destables et Gentillet) et ceux des catholiques (Maugiron, Fr. Fléard, le sieur du Fay, le baron de Sassenage et le sieur Avet), pour l'exécution de l'édit de pacification. — Cahiers du tiers-état aux États de 1579.

I. 1. 653. — Guerres de religion (1579). — Discours de Lesdiguières à l'assemblée des réformés de Die. — Entrée et séjour de Catherine de Médicis à Grenoble. — Procès-verbal de réconciliation entre les catholiques et les protestants.

I. 1. 686. — Guerres de religion (1589-1591). — Traité de Lesdiguières avec la ville de Gap (24 août 1589). — Ordonnance de Lesdiguières rétablissant dans leurs fonctions le vibailly et le procureur du Roi de Briançon. — Prise de Briançon par Lesdiguières : texte de la capitulation — Bataille d'Esparron (lettre de Lesdiguières, du 18 avril 1591). — Relation de la bataille de Pontcharra.

I. 2. 136. — Guerres de religion (1579-1583). — Traité de Montluel : ordonnance du Monestier-de-Clermont pour l'exécution de ce traité (octobre et novembre 1579). — Union faite par les citoyens de Grenoble (1580). — Arrêt du Parlement sur la discipline ecclésiastique.

I. 2. 272. — Lettre (probablement apocryphe) du Grand-Turc à l'empereur d'Autriche. — Ordonnance du Parlement de Dauphiné fixant le prix des perdrix et des lapins (17 novembre 1472).

I. 2. 305. — (1584-1586). — Ordonnance royale interdisant l'exportation des grains : arrêt semblable de la Chambre des vacations du Parlement de Grenoble. — Arrêt de pacification de 1585. — Ordonnance royale sur la liberté du trafic le long du Rhône : débuts de l'industrie de la soie.

I. 2. 318. — Guerres de religion (1587). — Lettre du Roi à MM. de La Valette et de Maugiron. — Lettre de M. de Monestier à l'archevêque d'Embrun (relation de la bataille d'Auneau). — Lettres du roi et de M. de Villeroy à Maugiron, défendant de traiter avec Lesdiguières. — Capitulation de l'armée allemande à la suite de la bataille d'Auneau.

" I. 5. 267. — Allocution de Sixte V à l'occasion du meurtre du cardinal de Guise. — Correspondance entre Henri IV et le sultan Achmet.

ment de Grenoble : II. 1. 586. — Un épisode de l'histoire du Parlement de Grenoble (conflit avec M. de Chastellier-Dumesnil, lieutenant général) : I. 3. 587. — Un orage dans les Alpes briançonnaises : II. 1. 414. — Voyage dans quelques vallées du Briançonnais, notamment dans celles du Queyras et de la Vallouise : recherches dans les archives municipales : I. 1. 433. — (V. la notice bio-bibliographique de M. Fauché-Prunelle, par M. Gariel : II. 3. 329, 343.)

FAUJAS DE SAINT-FOND. M. c. : L. 3. 26. — ** Journal de sa mission dans les Pays-Bas en 1795 : III. 18. XVIII.

FAURE (André), dit de Beauregard. M. de la Société littéraire : II. 1. 335 ; m. vétéran en 1790 : A. 27 ; m. ordinaire du Lycée : L. 3. 25 ; de la Société des sciences et arts : S. 1, 2. 27.

FAURE (Félix), pair de France. M. c. : I. 1. 23.

FAURE (Félix), fils du précédent. M. c. : III. 20. XXI.

FAURE (Généalogie des), imprimeurs-libraires à Grenoble : III. 18 (2e partie). LXIV.

** FAUVETTE (La), idylle : S. 2. 80.

** FAVRE DE BEAUFORT (Notice biographique sur), dauphinois, médecin de Louis XV : III. 17. XXVI.

** FÉDÉRATION (Fête de la) à Saint-Marcellin en 1792 : III. 14. XIX.

** FÉDÉRATIONS (Essai sur les) martiales en Dauphiné : III. 4. XXIII.

FERNEL. M. c. : III. 16. XX.

FERRAND (Henri). M. c. : III. 12. XVIII ; m. r. : III. 14. XX ; secrétaire-adj[t] : III. 15 et 16. V ; — 17. XXIII, V ; — 18 à 20. V. — ** Communication d'une brochure de M. de Saint-Laud sur des fouilles faites dans les Landes : III. 17. XIX. — Délégué pour représenter l'Académie au Congrès de géographie de Lyon : id. — ** Excursion au Grand-Vémont : III. 17. XVIII. — ** Excursion au Merlot (massif d'Allevard) : ibid., XXVI. — ** Excursions dans les montagnes de la Grande-Chartreuse : ibid., XIX, XXVII. — Itinéraire descriptif, historique et archéologique de la Maurienne et de la Tarentaise (carte et fig.) : III. 14. 257. — La Vaudaine et les pics qui la dominent : III. 14. 91. — ** Mémoire sur la chute du Granier : III. 17. XXII. — ** Mémoire sur l'orthographe des noms de lieux : ibid., XXIV. — ** Récit d'une promenade autour du Mont-Blanc : III. 18. XVII. — ** Id. autour du Pelvoux : III. 19. XXIII. — Une ascension au Popocatepetl : III. 13. 237. — * Récit d'une ascension à Chamechaude : III. 20. XVIII.

FERRIOT. M. r., puis m. c. : I. 1. 23.

FIALON. M. r. : III. 7. XVI ; m. du conseil d'administration et de rédaction : III. 8, 9, 12. 13. V ; vice-président : III. 14. V ; président : III. 15. V ; m. c. : III. 17. XXII. — Aèdes et rapsodes : III. 10. 64. — Alexandrie et l'Égypte pendant les trois premiers siècles de l'ère chrétienne : III. 9. 87. — Discours d'installation comme président de l'Académie : III. 16. 3. — ** État social de la Grèce homérique : III. 15. 97. — ** Étude littéraire sur saint Athanase : III. 13. XVII. — Étude sur François de Maucroix : III. 8. 52. — L'École d'Athènes au IVe siècle : ibid., 33.

L'Iliade et l'Odyssée peuvent-elles être l'œuvre du même poète? III. 12. 147. — Rapport : III. 15. 74. — Réponse au discours de réception de M. Ed. Maignien : III. 16. 63. — Réponse au discours de réception de M. Teisseire : ibid., 128.

FIÈRE. M. c. : III. 15. XI. — De l'ancienneté de l'homme en Dauphiné : les Troglodytes de l'époque néolithique dans la vallée du Graisivaudan (extraits) : III. 16. 200.

** FIÈVRE ÉPIDÉMIQUE (Mémoire sur la) qui régnait à Grenoble en l'an VIII, avec quelques observations sur l'administration de l'hospice de Genève : S. 2. 89.

FISSONT. M. r. : I. 3. 193. — Rapport : III. 2. XXIV, 96.

FIVEL. M. c. : III. 3. XXVI.

FLOTTES (abbé). M. r. : I. 2. 364. — * Études sur Pascal : I. 2. 354.

FLOUR DE SAINT-GENIS. M. c. : III. 2. XXXVII. — * Histoire de Savoie : III. 11. 74.

** FLUTE (Dissertation sur la) qui servait à accompagner les comédies de Térence : S. 2. 73.

FLUTEUR (Le) de Vaucanson. V. Vaucanson.

** FŒTUS MONSTRUEUX (Mémoire sur trois), par M. le Dr Silvy : S. 2. 86.

FOL (Hermann). * Découvertes relatives à l'embryologie : III. 20. XXIII.

FOLLIOLEY. M. c. : III. 3. XV.

** FONDERIE de Saint-Gervais (Mémoire sur la) : S. 2. 88.

FONTANES (DE). V. Marais de Fontanes.

** FONTANIEU (Catalogue des ouvrages de l'intendant), par M. Gariel : III. 4. XX. — ** (Catalogue des preuves de l'histoire du Dauphiné, par l'intendant), par M. J. Taulier : ibid.

* FONTENELLE (Biographie de), par M. Charma : I. 2. 532.

FONTVIVE (DE). * Du calcul différentiel appliqué à la détermination des propriétés des polygones réguliers : I. 1. 206.

FORAS (le comte de). M. c. : III. 3. XI, XX.

FORAY. M. c. : II. 3. 184, 186. — * Monographie des Urtières ou de la Basse-Maurienne : II. 3. 202.

FORCRAND (DE). M. c. : III. 14. XVIII.

* FOREST-SAINT-JULIEN (Hautes-Alpes). — Parait être une ancienne mansio romaine : III. 1. XXV.

** FORMULAIRE d'arrêtés préfectoraux : III. 4. XVII.

FORTIFICATIONS de Grenoble (Notice sur les) : III. 8. 3 (fig.).

FOUILLES archéologiques faites à Pact (Isère) : III. 20. 375 (fig.).

FOUQUET (Vers attribués à) : I. 1. 262.

FOURIER, préfet de l'Isère. M. r. : S. 1. 24 ; S. 2 22 ; président : S. 2. 43. — ** Discours prononcé lors de sa réception à la Société : S. 2. 66. — ** Rapport sur les lettres inédites de L. Euler : S. 2. 67. — ** Discours d'ouverture de la séance du 30 frimaire an XIV, sur cette pensée de Platon : Scientia est amica omnibus : ibid.

FOURNIER (Dr). M. r. : I. 3. 21 ; S. 1. 19 ; S. 2. 17 ; secrétaire-adjoint : S. 1. 41. — ** De l'appareil des voies lacrymales : S. 2. 66. — ** Démonstrations et expériences galvaniques : ibid. — ** Mémoire sur les épidémies de l'armée des Pyrénées-Orientales : ibid. — ** Mémoire sur la respiration : ibid.

FOURNIER (Paul), professeur à la

Faculté de droit de Grenoble. M.
r. : III. 17. xxvII ; m. du conseil
d'administration et de rédaction :
III. 18-19. v. — * Communication
de la correspondance de Dom de
Gabre et de Philibert Babou de
la Bourdaisière, ambassadeurs de
France à Venise et à Rome au
XVIᵉ siècle : III. 20. xvIII. — ** Id.
de documents relatifs au cardinal Carafa . III. 19. xxvII. — ' Du
rôle des Sociétés d'histoire locale
et des travaux qu'il serait utile
de leur proposer (résumé d'un
article de la *Gazette universelle
de Munich)* : III. 19. xx. — Le
royaume d'Arles et de Vienne
sous les premiers empereurs de
la maison de Souabe : III. 18
(1ʳᵉ partie). 24 ; III. 19. * xxII,

251. — Notice nécrologique sur
M. le président Gautier : III. 18
(1ʳᵉ partie). 17. — ' Observation
sur la date probable des planches
de cartes à jouer communiquées
par M. Maignien : III. 20. xxv.

FRANÇAIS (de Nantes). M. c. : L. 3.
25 ; S. 1. 28 ; S. 2. 27.

FRANCIADE (Étude sur la) de Ronsard : I. 5. 244.

FRANCLIEU (Mˡˡᵉ de). M. c. : III. 19.
XIX.

FRANÇOIS 1ᵉʳ (Dissertation sur le
billet écrit par) à sa mère après
la bataille de Pavie : I. 4. 10. —
(Lettre de) à l'évêque de Grenoble : I. 2. 452.

FUNÉRAILLES des moines égyptiens
au temps de saint Antoine et de
saint Pacome : II. 1. 374.

G

GABOURD. M. c. : I. 2. 107 ; décédé :
III. 3. xxvII.

GABRE (Dominique de), ambassa-
deur à Venise. — * Correspondance : III. 20. xvIII.

GAGNON fils, avocat à Grenoble.
— Éloge historique du chevalier
Bayard : M. 3, 2ᵉ partie (in-4° : 3.
75).

GAGNON père, médecin à Grenoble.
M. de l'ancienne Académie delphinale : A. 25 ; II. 1. 336 ; secrétaire perpétuel en 1790 : A. 25 ;
M. 1. 4 (in-4° : 1. 3) ; M. 2. 2 (in-
4° : 2. 3) ; m. ordinaire du Lycée,
puis de la Société des sciences et
arts : S. 1. 23 ; S. 2. 20 ; vice-président : S. 1. 39, 40 ; m. du comité : S. 1. 43 ; S. 2. 48. — Dis-

cours prononcé à la première
séance de la Société littéraire, le
2 mai 1787 : M. 1. 11 (in-4° : 1. 9).
— Discours prononcé à la séance
publique du 12 mars 1788 : M. 2.
9 (in-4° : 2. 9). — ** Discours prononcé à l'ouverture de la séance
du 7 ventôse an X . contenant
l'éloge de M. Ricard, préfet de
l'Isère : S. 2. 67. — ** Discours
sur les avantages que présente
la translation du Musée dans
l'ancienne église du Collège :
ibid. — ** Éloge historique de
Déodat Dolomieu , membre de
l'Institut et membre correspondant de la Société : ibid. — ** Histoire abrégée du galvanisme :
ibid. — ** Mémoire sur le plâtre

ou gypse considéré comme engrais : ibid. — ** Rapports : S. 2. 67, 68.

GAILLARD (abbé). M. c. : S. 1. 35 ; S. 2. 36.

GAILLARD (DE) DE POET-LAVAL. Associé libre de l'ancienne Académie delphinale : A. 30.

GAILLARDON (abbé). M. de la Société littéraire : II. 1. 342.

GALBERT (DE) [Alphonse]. M. r. : III. 8. XVII ; m. du conseil d'administration et de rédaction : III. 17. XXIII, V. — De Jaffa à Jérusalem : souvenirs de voyage : III. 9. 158.

GALBERT (DE) [Oronce]. M. r. : II. 3. 183, 190 ; délégué pour représenter l'Académie au Congrès des Sociétés savantes de 1865 : III. 1. XVII. — D'Athribis à Port-Saïd : III. 2. 321. — Le Serapeum de Sakkarah : II. 3. 357. — L'isthme de Suez et le delta d'Egypte : III. 2. 89. — Notice sur M. Mathieu de Ventavon : II. 3. 352. — * Rapport sur la candidature de M. le comte de Limur comme m. correspondant : III. 2. XVI. — Id. sur un ouvrage de M. Guimet, intitulé : Croquis égyptiens : III. 3. 231. — ** Récit de l'inauguration du canal de Suez : III. 5. 20.

GALESWINTHE, tragédie : I. 4. 540.

GALLIER (Anatole de). M. c. : III. 1. XLI. — Rapport sur quelques-uns de ses ouvrages : III. 1. 408.

** GALVANISME (Démonstrations et expériences sur le) : S. 2. 66. — ** (Histoire abrégée du), par M. Gagnon : S. 2. 67. — ** (Id.), par M. de Lasalette : S. 2. 73.

GANTERIE (La) de Milhau, d'origine grenobloise : III. 2. XXXVI, 277.

GANTIER (Les) de Grenoble : III. 3. 16.

GAP (Capitulation de) en 1589 : I. 4. 688. — (Essai sur l'état monastique de l'ancien diocèse de) : III. 16. 205. — (Étude historique sur le pouvoir temporel des évêques de) : III. 14. 201. * — (Histoire de la ville de), par M. Th. Gautier : I. 2. 32. ** — (Objets en pierre trouvés à), Rémusat et Montélimar : III. 14. XIX. — (Transaction entre Rodolphe, évêque de) et Bertrand, comte de Provence : III. 20. 360.

GAPENÇAIS (Le) et l'église de Gap aux VIIe et VIIIe siècles : III. 7. 52.

* GAPENÇAISES (Aperçu sur les illustrations) : I. 3. 75.

GARD (Académie du) : c. r. de ses travaux : I. 2. 702 ; I. 4. 501 ; I. 5. 200, 203 ; III. 11. LII.

** GARD (Lettres sur le) : I. 1. 228.

** GARDE NATIONALE (La) à Saint-Marcellin en 1792 : III. 14. XIX.

GARIEL. M. r. : I. 2. 204 ; secrétaire-adjoint : I. 1. 228, 300, 365, 477 : démissionnaire ; rentre dans la Société en 1863 : II. 3. 28 ; m. du conseil d'administration : II. 3. 189 ; III. 2 et 3. V ; délégué pour représenter l'Académie au Congrès des Sociétés savantes de 1865 : III. 1. XXVII. — ** Catalogue des ouvrages de l'intendant Fontanieu : III. 4. XX. — Explication du sujet d'un tableau de Clouet : II. 3. 205. — Note servant de complément à la traduction de la charte de Jean de Bernin : III. 1. 386. — Notice bio-bibliographique sur M. Fauché-Prunelle : II. 3. 329. 343. — Réponse à la protestation de M. l'abbé Trépier sur l'authenticité du préambule de la charte n° XVI du deuxième Cartulaire de Saint-Hugues : III.

1. 94. — Ra........ .. .. _28 : II.
3. 366 ; III. 1. 175.

GARNIER (Adolphe). M. c. : I. 3.
246. — * Morale sociale, ou Devoirs de l'État et des citoyens en
ce qui concerne la propriété, la
famille, l'éducation, etc. : I. 3.
131, 178.

GARNIER (DE), conseiller au Parlement de Grenoble. M. de la Société littéraire : A. 26 ; II. 1. 357 ;
président en 1787 : M. 1. 4 (in-4°:
1. 3). — * Discours d'ouverture de
la séance publique du 2 mai 1787 :
ibid.

GAROCELLES ou Garucelles. V.
Graïocèles.

GATTEL (abbé). M. de la Société littéraire : A. 27 ; II. 1. 358 ; m. ordinaire du Lycée, puis de la Société des sciences et arts : S. 1.
23 ; S. 2. 21 ; m. du comité : S. 1.
42 ; vice-président : S. 1. 40 ; président : S. 1. 39 ; S. 2. 43, 44. —
** Discours d'ouverture de la
séance publique du 8 prairial
an X : S. 2. 68. — ** Discours
d'ouverture de la séance du 27 frimaire an XI : ibid. — ** Dissertation sur l'origine et les progrès
de l'écriture : ibid. — ** Dissertation sur quelques-uns des principaux caractères du langage primitif : ibid. — Publications diverses : ibid. ; S. 2. 69. — ** Rapport sur la traduction du quatrième livre de l'Enéide, par
M. Dufour : S. 2. 68. — ** Rapport
sur la tragédie d'Éricie, de
M. Dubois-Fontanelle : ibid. —
** Rapports sur les mémoires envoyés au concours pour le prix
proposé par la Société sur l'éducation physique et morale des
enfants : ibid. — ** Réflexions
sur quelques vices d'élocution
familiers aux Français et spécia-

lement aux Grenoblois : ibid.

GAU (abbé). M. r. : I. 1. 299 ; m.
c. : I. 1. 409.

* GAUFRIDI (Vie de Jacques de),
président au Parlement d'Aix : I.
4. 526.

GAUGUET (Élie). M. c. : III. 17. XXVI ;
démissionnaire : ibid., XXVIII.

GAULOIS (Portrait ethnologique et
physiologique des) : leurs institutions hygiéniques et médicales :
III. 14. 340.

GAUTHIER (Marie), institutrice à
Vauxmilieu. * Étude sur le patois
de la Mure et de la Mateysine :
III. 13. 312.

GAUTIER, membre de l'Académie
de Caen. V. Choron.

GAUTIER (Louis), notaire à Grenoble, procureur général syndic du
département de l'Isère de 1790 à
1792. M. de la Société littéraire :
A. 27 ; II. 1. 359. — Éloge historique du chevalier Bayard : M. 3.
3 (in-4° : 3. 1).

GAUTIER (Marc-Louis-Auguste), fils
du précédent. M. r. : I. 1. 20 ;
président : I. 1. 91, 462, 300 ; I.
2. 564 ; vice-président : I. 1. 98,
228 ; I. 3. 11 ; II. 1. 147 ; m. du
conseil d'administration : I. 1.
710 ; I. 3. 351 ; I. 4. 1, 103 ; m.
c. de l'Académie de Belgique : I.
3. 58 ; id. de la Société d'émulation de Liège : I. 3. 283. — Rapport sur les titres qu'aurait l'Académie à être reconnue *Académie
royale* : I. 2. 101. — Notice nécrologique : II. 1. 701.

GAUTIER (Louis-Jean-Baptiste), fils
et petit-fils des précédents. M. r. :
I. 1. 210 ; m. c. : I. 2. 798 ; de
nouveau m. r. : I. 5. 8 ; m. du
conseil d'administration : I. 2.
198, 365 ; I. 5. 128 ; III. 4. XXV ; —
12. 15, 16. V ; vice-président : II.
1. 244, 245, 513, 521 ; — 2. 377,

379 ; — 3. 487. 189 ; III. 2. v.
XXXVI ; — 7. v, XVII ; — 9. v ;
— 17. XXIII : président : II. 1. 401,
404 ; — 2. 1. 10 ; — 3. 15. 196 ; III.
3. v, XXVII ; — 6. v ; — 7. XV ;
— 8, 10, 13. v ; délégué pour
représenter l'Académie aux deux
Congrès des Sociétés savantes
de 1865 : III. 1. XXVII. XXIX. —
Comptes rendus et rapports : I.
1. 361, 458, 647 ; — 2. 230, 587,
664 : III. 10. XXIV ; — 11. XXV ; —
13. XVIII. — Discours d'ouverture
de la séance du 25 février 1859 :
II. 1. 458 ; — des séances de 1873 :
III. 9. 3 ; — de la séance du
15 janvier 1875 : III. 11. 1. — de
la séance publique du 21 mars
1878 : III. 15. 305. — Dissertation
sur la prérogative du commandement dans la province de
Dauphiné attribuée à la présidence du Parlement de Grenoble, en l'absence du gouverneur
et du lieutenant général : III. 6.
3. — Éloge funèbre de M. Burdet :
III. 11. 117 ; — de M. Imbert-Desgranges : III. 11. 113. — Exprime
les regrets de l'Académie au sujet
du départ de M. Bevillout : II. 2.
385. — Notice biographique sur
M. l'abbé Genevey ; II. 1. 577. —
Notice historique sur l'Académie
delphinale : III. 11. LXXVI. — Notice sur l'Académie delphinale :
III. 12. 250. — Proposition de divers sujets de concours pour
l'année 1849 : rapport exposant le
sujet choisi, le programme et les
conditions du concours : I. 2.
301. 450. — Proposition d'un concours annuel : programme de ce
concours : II. 1. 404, 516. — Rapport sur la situation du Musée
archéologique de Grenoble : II. 1.
221. — Rapport sur les progrès
du droit et de la jurisprudence
pendant les années 1843-1844 : I.
1. 626, 636. — Rapport sur une
proposition de M. Macé tendant
à charger le secrétaire de rendre
compte de tous les ouvrages envoyés par les Sociétés correspondantes : III. 1. XXXIV. — Rapport sur un incident relatif à
l'impression dans le *Bulletin* de
notes ajoutées par M. Gariel à sa
Réponse à l'abbé Trépier et du
titre de cette réponse : III. 1.
XXXVI. — Autres rapports. V. ci-
dessus : Comptes rendus et rapports. — Réponse au discours de
réception de MM. Bérenger : III.
1. 382 ; de Boissieu : III. 4, 30 ;
Charaux : III. 9. 210 ; Ferrand :
III. 14. 335 ; de Galbert : III. 9.
184 ; Jeannel : III. 9. 153 ; de
Taillas : III. 14. 253 : Thibaud : III.
14. 116 ; Vallentin : III. 14. 30 ;
Valson : III. 4. XVIII ; Villars :
III. 11. 69.

GAUTIER (Théodore). M. c. : I. 1.
518. — Précis de l'histoire de la
ville de Gap : I. 2. 82.

GENÈVE. M. c. : L. 3. 25 ; S. 1.
27.

GENEVEY (abbé). M. r. : I. 1. 328 ;
m. du conseil d'administration :
I. 2. 198. 365 ; II. 1. 304 ; vice-
président : I. 3. 351 ; président :
I. 4. 1, 303. — De l'Association :
I. 3. 321. — De la Vérité, première condition du progrès : I.
4. 585. — De l'Erreur : I. 2. 38. —
De l'homme barbare : I. 5. 289.—
La civilisation : I. 5. 174. — La
consience : I. 5. 8. — Le travail
et le progrès : I. 4. 479. — L'humanité et le progrès : I. 4. 303. —
Rapports : I. 2. 193, 316. 354 ; I.
3. 503 ; I. 5. 221 : II. 1. 21. — Réflexions sur le communisme : I.
2. 440.

GENSOUR (Lettre d'Anthoine) aux

consuls d'Oulx et de Cézanne en 1588 : I. 1. 675.

GENTIL (Aventures du capitaine), de Florac : III. 19. 173.

GENTIL-BERNARD. V. Bernard.

GENTON (DE). Associé libre de l'ancienne Académie delphinale : A. 28.

GÉOLOGIE (La) dans les Alpes : III. 17. 50.

** GÉOMÉTRIE (Démonstration d'un problème de) : S. 2. 57.

GEORGE. — * Les monuments de l'époque anté-historique : III. 10. XXXIV.

* GÉORGIQUES (Les) du Midi : II. 3. 252.

GÉRY. M. c. : II. 2. 378, 382. — Antiquités trouvées à Villette : temple de Romulus (fig.) : III. 14. 35. — Considérations sur le langage : III. 15. 81.

GERMER-DURAND. — * Cartulaire du chapitre de l'église cathédrale Notre-Dame de Nîmes : III. 11. LXVI.

** GESTE (Mémoire sur le) considéré physiologiquement : S. 2. 55.

GINON (abbé). M. r. : III. 11. XVIII : m. du conseil d'administration et de rédaction : III. 19. v. — L'éducation : III. 12. 8.

GINOULHIAC (Mgr), évêque de Grenoble. M. r. : I. 5. 120.

GIRARD. M. r. : I. 1. 207.

GIRARDOT (DE). — ** Documents sur Lesdiguières : III. 1. XXXVII.

GIRAUD, ancien député, correspondant du ministère pour les travaux historiques. — * Essai historique sur l'abbaye de Saint-Barnard et sur la ville de Romans : II. 1. 62.

GIRAUD, ancien négociant à Grenoble. M. r. : III. 19. XXIV. — L'Hellénisme en Italie : III. 20. 53.

GIRAUD (Magloire), chanoine. M. c. :

II. 1. 514, 517. — * Les capitouls ou règlements municipaux de La Cadière (Var), avec des notes : I. 4. 522. — * Documents relatifs à la construction du maître-autel de l'église de Saint-Maximin : II. 3. 309.

GIRONDE : Académie de Bordeaux (c. r. des travaux de l') : III. 10. L.

GIROUD. M. c. : S. 2. 41.

GIROUD (Généalogie des), imprimeurs-libraires à Grenoble : III. 18 (2e partie), LXVI.

GLOSSOLOGIE, linguistique : I. 1. 535, 714 ; I. 2. 26, 256 ; I. 3. 58, 307.

** GNOMONIQUE (Traité élémentaire de) : S. 2. 76.

GODOMAR, roi des Burgondes. V. Burgondes.

* GŒTHE (Étude sur) et Lessing : III. 16. XIX.

* GOITRE (Du) et du crétinisme : III. 1. 388.

GOLLÉTY. M. r. : III. 12. XIX ; m. du conseil d'administration et de rédaction : III. 12, 13. 14. v. — Étude sur Catulle : III. 16. 177. — Étude sur Étienne Boyleau et le Livre des Métiers : III. 16. 283. — Les délateurs à Rome depuis Auguste jusqu'à Hadrien : III. 13. 147. — Les lectures publiques à Rome : III. 12. 54. — ** Les parasites en Grèce et à Rome : III. 13. XIX, XX.

GOLNITZ (Abraham). — Ulysses Belgico-Gallicus, ou Voyage dans les Pays-Bas espagnols, la France, la Savoie et partie du Piémont (traduction) : II. 1. ** 246, ** 389, ** 403, 406 (la Grande-Chartreuse). — Renseignements bibliographiques sur cet ouvrage, par M. A. du Boys : II. 3. 247.

GORDES (Bertrand Raimbaud de Simiane, baron de). — (Aver-

tissements et nouvelles de la guerre envoyés au baron de) par les gouverneurs d'Aigues-mortes, Avignon, Montélimar, Loriol, etc. : I. 1. 552. — (Lettre du baron de) au vibailly de Briançon au sujet d'une prise d'armes des protestants (1577) : I. 1. 556. — (Lettres et ordonnance du baron de) aux capitaines Berthier et La Cazette relatives aux mesures à prendre contre les protestants (1569) : I. 1. 488, 490. — '' Notice historique : II. 1. 713.

GOURGUES (le vicomte de). — ' Dictionnaire topographique de la Dordogne : III. 10. LVIII.

GOURNAY (DE). V. de Radulph de Gournay.

GOUVERNEURS DE PROVINCES (Jugements des) et des Préfets du Prétoire : I. 2. 365.

GOVÉA (Antoine de) fut-il conseiller au Parlement de Dauphiné : III. 1. 77.

GOY (DE). M. c. : III. 19. XXIII.

GRACIANOPOLIS (Deux tiers de sols mérovingiens au nom de) : III. 4. 135.

GRAIOCÈLES, Garucelles ou Garocelles : II. 2. 402.

GRAINS (Arrêt du Parlement de Grenoble défendant l'exportation des) : I. 2. 308. — (Ordonnance royale prohibant l'exportation des) en 1584 : I. 2. 305.

GRANGE. M. r. : L. 3. 23 ; S. 1. 21 ; m. c. : S. 2. 39. — '' Le bûcheron et les arbustes, fable : S. 2. 69. — '' Traduction d'une fable allemande d'Hagedorn, intitulée : l'Ane verd : id. — '' Traduction en vers de l'épisode de Cacus (8e livre de l'Énéide) : id. — '' Traduction en vers d'une ode d'Horace : id.

' GRANGE-FRANCY (La). — Notice sur des fouilles exécutées dans cette localité, par M. Chevrier : III. 4. XIX.

'' GRANIER (Mémoire sur la chute du) : III. 17. XXII.

GRAS (Albin), docteur en médecine. — ' Deux années de l'histoire de Grenoble : I. 3. 463. — ' Statistique botanique du département de l'Isère, ou Guide du botaniste dans ce département : I. 3. 475.

GRAS (Scipion), ingénieur des mines : M. r. : I. 1. 20.

GRÈCE HOMÉRIQUE (État social de la) : III. 15. 97.

'' GRÈCE MODERNE (Une page des annales de la) : III. 3. XX.

GRÉE (DE LA). V. Delagrée.

' GRENADE, 2e partie : La grande guerre, ou Histoire de l'expulsion des Maures d'Espagne, par M. Dousseau : III. 10. LXXVIII.

GRENIER. M. r. : I. 1. 21.

GRENOBLE. — ''(Antiquités de la ville de) : M. 2. 3 (in-4° : 2. 4). — (Antiquités de l'arrondissement de) : I. 1. 63. — (Bibliothèque publique de). V. au mot : Bibliothèque. — (Cabinet d'histoire naturelle de). V. au mot : Cabinet. — (Catalogue des évêques de) : III. 3. 358. — (Cathédrale de) : monographie historique, archéologique et artistique : III. 13. 100. — ' (Deux années de l'histoire de), par le Dr Albin Gras : I. 3. 463. — (Étude sur l'histoire de) pendant la Terreur, par M. P. Thibaud : III. 4. 111. — (Fortifications de) : notice historique, par M. de Rochas d'Aiglun (plan) : III. 8. 3. — ''(Monument souterrain existant à) : dissertation, par M. Champollion-Figeac : S. 2. 61. — (Nécrologe d'un) de la ville de) : III. 3. 3. — (Occupation de) par une nation païenne, au Xe siècle : disserta-

tion, par M. Revillout : II. 1. 551. — (Pouillé du diocèse de). V. au mot : Pouillés. — (Saint-Laurent de). V. au mot : Saint-Laurent. — (Théâtre de) en 1793-1794 : souvenirs, par M. Amédée Ducoin : 1. 4. 183. — (Union faite par les citoyens de) pendant les guerres de religion, en 1580 : I. 2. 148.

GRESSET (Dissertation sur un vers de) : 1. 1. 374.

GRILLE. M. c. : S. 1. 33 ; S. 2. 33. — ** Mémoire sur les substances qui servent de base aux vases étrusques : S. 2. 69. — ** Quelques vues sur l'emploi de l'oxyde de manganèse dans les maladies cutanées : id.

* GRILLON (Le) et la fourmi, fable, par M. Richomme : I. 1. 429.

GRIMAUD. M. r. : I. 1. 23 ; m. c. : 1. 1. 463.

GRISY (DE). — * Étude historique et critique sur la Jérusalem conquise du Tasse : III. 11. LXV.

GRIVEL. — * Le vernis des anciens luthiers de Crémone perdu et retrouvé : III. 2. XXIV, 96.

GROS (de Bernin). M. r. : L. 3. 21 ; secrétaire : S. 1. 40 ; m. c. : S. 1. 34 ; S. 2. 35. — ** Démonstration directe et générale du principe des vitesses virtuelles : S. 2. 70. — ** Nouvelle méthode pour trouver les séries par lesquelles on exprime les logarithmes : id. — ** Rapport sur le mémoire de M. Lomet, relatif aux aérostats : id.

GUÉDY. M. r. : S. 1. 22 ; S. 2. 30 ; secrétaire-adjoint : S. 2. 45.

GUERRE de sept ans (Un épisode de la). V. Guildo (Passage du).

GUERRES DE RELIGION au XVIe siècle : 1o sous Charles IX : I. 1. 409, 478, 546 ; 2o sous Henri III : 1. 1. 546, 653, 675 ; 1. 2. 136, 305, 318 ; 3o sous Henri IV : I. 1. 686, 210. — en Dauphiné : un autographe du baron des Adrets : III. 1. 178. — * (La Réforme et les) dans le Dauphiné, par M. J.-P. Long : II. 1. 63.

GUÉTAT. M. r. : III. 13. XVI ; démissionnaire : III. 20. XXIII.

GUEYMARD. M. r. : I. 1. 20.

GUICHARD. M. c. : III. 20. X. — Le rigaudon dans le Trièves : III. 20. 244.

* GUIDE DES ÉGARÉS (Étude sur le), de Maimonide, par M. Bédarride : III. 11. XXVII.

GUIGUES LE GRAS (Mariage de), comte d'Albon : III. 20. 369.

** GUIL (Découvertes préhistoriques dans la vallée du), par M. l'abbé Guillaume : III. 14. XX.

GUILDO (Le passage du), ou un Léonidas breton, épisode de la guerre de sept ans : III. 2. 37.

GUILLAUME (abbé), archiviste des Hautes-Alpes. M. c. : III. 14. XVIII. — ** Découvertes préhistoriques dans la vallée du Guil : III. 14. XX.

GUILLAUME (Colonel), directeur du personnel au ministère de la guerre en Belgique. M. c. : II. 1. 514, 517. — ** Rapport sur ses ouvrages : II. 1. 515.

GUILLESTRE (Siège de) en 1692, d'après un acte notarié, publié par M. Fauché-Prunelle : 1. 1. 446.

GUILLOUD. M. r. : S. 2. 24.

* GUINES ET ARDRES (Chronique de), par l'abbé Lambert, curé d'Ardres, publiée par M. le marquis de Godefroy Ménilglaise : I. 5. 256. — Observations sur ce travail, par M. V. Advielle : II. 3. 257.

GUIRAUDET (Dr). — * De l'innéité et de l'hérédité au point de vue physiologique, d'après l'ouvrage

de M. Prosper Lucas : 1. 4. 504.

GUIRIMAND (Cas.). M. r. : III. 12.
XVI ; archiviste - bibliothécaire :
III. 12. XXII ; — 15 à 17. v ; — 17.
XXIII. — Notice sur l'inscription
funéraire de Publicus Calistus, à
Die (précédée de l'éloge de M. de
Galbert) : III. 12. 119. — Notice
sur une inscription funéraire ro-
maine récemment découverte à
Die : III. 15. 243.

" GUISE (Meurtre du cardinal de).
V. Sixte V.

' GUY DE MONTPELLIER, fondateur
de l'ordre du Saint-Esprit, par
M. l'abbé Paulinier : III. 11. XLII.

' GUYANE FRANÇAISE (La), par
M. L. Maurin : 1. 5. 203.

H

HAGIOLOGE de Vienne : D. 2. 5e livraison, p. 1.

" HANNETON (Le), et l'Enfant, fable :
1. 4. 224.

HARANGUES (Mémoire sur trois anciennes) : I. 1. 406.

HARNACHEMENTS (Les) des chevaux de selle au moyen âge et
antérieurement : III. 20. 199 (fig.).

HATZFELD. M. r. : 1. 5. 6 ; secrétaire adjoint : I. 5. 5 ; II. 1. 3. 9.
— De l'autorité d'une morale
fondée sur la raison (rapport sur
un ouvrage de M. Beaussire, intitulé : Du fondement de l'obligation morale) : II. 1. 12. — Étude
sur les commencements de Corneille : II. 1. 69.

HAUTES-ALPES. — " (Explorations
préhistoriques dans les) en 1878 :
III. 15. XVII. — " (Nécropoles de
l'âge de fer découvertes dans
les) : III. 14. XIX. — " (Précis
d'un voyage dans les, mémoire
sur l'agriculture, par Villars : S.
2. 88.

" HAUTS-FOURNEAUX de Saint-Gervais. V. Saint-Gervais.

HÉBERT, peintre. M. c. : II. 3. 184.
196.

HEDDE. — ' Des hommes providentiels, ou Parallèle de Vaucanson,
Paulet et Jacquard : I. 5. 7.

HELLÉNISME (L') en Italie : III. 20.
53.

HELVIENS (Mémoire sur le pays
des), avec une carte : II. 1. 642.

HÉNON. M. c. : S. 1. 36. — Publications : S. 2. 70.

HÉNOT. — ' Des effets de l'éthérisation dans les opérations chirurgicales : 1. 4. 504.

HENRI IV. " Correspondance avec
le sultan Achmet : II. 5. 267. — ' et
le ministre Daniel Chamier : II.
1. 397. — (Entrée de) à Paris : I.
1. 219. — (Lettre de) à l'archevêque de Tours sur le rétablissement du culte et la restauration
des églises : I. 1. 330. — (Lettre de)
à Lesdiguières, sur la condam-
nation et le supplice du maréchal
de Biron : I. 1. 340. — (Lettre
de) au même, annonçant la naissance du Dauphin : I. 1. 332.

HENRI III. — Lettre à M. de La Val-
lette, commandant des troupes
royales en Dauphiné, avant la
bataille d'Anneau : I. 2. 319. —
Lettre à M. de Maugiron, lieute-

nant général en Dauphiné, annonçait la victoire d'Auneau et défendant de traiter avec Lesdiguières : I. 2. 323. — Lettre relative à la capture de Montbrun : III. 4. 494.

HENRY. — ⁎Du séjour de Barberousse et de sa flotte à Toulon en 1543 : I. 3. 52.

HÉRAULT : Académie des sciences et lettres de Montpellier (c. r. des travaux de l') : II. 4. 394 ; III. 11. XXV. — Société archéologique de Béziers (c. r. des travaux de la) : I. 2. 672 ; I. 4. 516, 532, 534 ; II. 4. 55, 392, 589 ; III. 11. LXVIII.

HÉRÉDITÉ. V. Lois physiologiques.

HÉRICART DE THURY. M. c. : S. 2. 37. — ʺ Dissertation sur la position et les causes de la destruction de la ville de Mons Seleucus : S. 2. 87. — ʺ Mémoire sur la marne et son emploi dans l'agriculture : id. — ʺ Mémoire sur la situation des sciences et arts à Genève : id. — ʺ Mémoire sur les houillères du département de l'Isère : id. — ʺ Mémoire sur un nouveau métal appelé le titane : id. — ʺ Note sur la carbonisation de la tourbe : id. — Publications : id.

HERMENGARDE. V. De l'Esprit de gouvernement, etc.

HERMENOUS (Louis). M. r. : I. 1. 477 ; m. du conseil d'administration : I. 4. 710 ; — 2. 198 ; — 3. 11 ; m. c. : I. 3. 361. — Charles Nodier en linguistique : I. 4. 714. — De la simplification et réduction des langues : I. 2. 26, 656 ; — 3. 58, 307. — Glossologie et système d'alphabet universel, avec quelques idées sur l'Orient : I. 4. 535. — Observations sur le congrès de Gênes en 1846 : I. 3. 328. — Quelle langue pourrait

devenir universelle? V. ci-dessus : De la simplification et réduction des langues. — Rapport : I. 2. 107.

⁎HEUDICOURT (Mme d') et Mme de Maintenon : III. 11. XLVII.

HIPPOCAMPE (L') des monnaies Allobroges serait-il le type primordial du Dauphin? II. 3. 315.

⁎HIRONDELLE (L') et l'Enfant, fable : I. 4. 530.

HISTOIRE. — ⁎(Introduction à l') : I. 4. 537. — ʺ (Mémoire sur l'enseignement de l') : S. 2. 71. — ⁎ de la langue et de la littérature françaises : I. 4. 537. — ⁎ de la philosophie : I. 3. 503. — ⁎ de la philosophie cartésienne : I. 5. 180. — de la Révolution et de l'Empire. V. Révolution. — ʺ des Allobroges, par Aymard du Rivail : I. 4. 488. — du monde. V. Périodes géologiques.

⁎HISTOIRE NATURELLE (Écrits sur l') de M. Achille Comte : I. 2. 326. ʺ — (Éloge de l'), par Villars : S. 2. 89.

HOMBRES FIRMAS (D'). M. c. : I. 1. 24. — ⁎Mémoires relatifs à l'agriculture : I. 1. 181.

HOMME (De l') barbare, étude philosophique : I. 5. 289. ⁎ — (L') et ses origines, d'après le système de Darwin : III. 11. LII. — (L') préhistorique. V. Cévennes.

⁎HOMMES (Des) providentiels, ou Parallèle de Vaucanson, Paulet et Jacquart : I. 5. 7.

ʺ HÔPITAL MILITAIRE (Observations sur les vices d'administration de l') : S. 2. 89.

HORACE. — ʺ Traduction de l'ode : ad Lælium : S. 2. 74. — ʺ Traduction de l'ode : Rectius vives, Licini : id. — ʺ (Traduction d'une ode : S. 2. 69.

ʺ HOROGRAPHIE (Description d'un)

ou machine à tracer les cadrans : S. 2. 64.
" HOSPICES (Rapport sur l'administration intérieure des) : S. 2. 86.
" HOUILLE (Mémoire sur la) ou charbon de terre : S. 2. 84.
" HOUILLÈRES (Mémoire sur les) du département de l'Isère : S. 2. 87.
HUART. M. r. : I. 2. 364.
HUGUENIN. M. r. : II. 2. 11.
HUGUES (D') DE LA GARDE. M. de l'ancienne Académie delphinale : A. 26 ; II. 1. 358.

HUMANITÉ (Étude philosophique sur l') et le progrès : I. 4. 363.
HUMBERT. — Questions d'économie politique : III. 1. 33.
HUMBERT. médecin à Vire (Meuse). M. c. : S. 1. 33 ; S. 2. 34.
" HUMBERT II (Description des repas d'). dauphin : S. 2. 52.
HUOT. — De la réhabilitation des condamnés : I. 5. 199.
" HYMNE au Soleil : S. 2. 75. — " religieux, traduit de l'allemand : S. 2. 73.

I

ICARIE (Analyse du voyage en) de M. Cabet, par M. Lepelletier-Deslandes : I. 4. 512.
ICONIENS ou Siconiens : II. 2. 401.
" IDÉES (Des) d'être et d'ordre qui sont le fondement de toute science : III. 11. XVI. — représentatives (Théorie des) : examen critique de l'opinion adverse : I. 5. 493.
" IDYLLES (Deux), par M. Lacombe-Saint-Michel : S. 2. 72.
ILIADE (L') et l'Odyssée peuvent-elles être l'œuvre du même poète? III. 12. 447.
IMBERT. M. ordinaire. puis m. c. : L. 3. 28 ; S. 2. 31.
IMBERT-DESGRANGES. M. r. : I. 1. 20 ; secrétaire-adjoint : I. 1. 162 ; m. du conseil d'administration : I. 1. 710. — Dissertation sur le passage des Alpes par Annibal : I. 1. 122. — Étude sur la cosmogonie de Moïse : I. 5. 128. — Mémoire sur le flûteur de Vaucanson : I. 5. 15. — Mémoire sur les eaux de La Motte et sur les avantages qu'offrirait leur adduction à Grenoble : I. 1. 363. — Nouvelle lecture sur le passage d'Annibal : I. 5. 61. — " Observations sur le duel : revue de la législation sur cette matière : I. 1. 100. — Projet d'un atlas historique et géographique du Dauphiné : I. 1. 87. — Rapport : I. 1. 115. — Réponse au mémoire de M. J. Rey sur la misère et le prolétariat : I. 1. 600.
IMMORTALITÉ DE L'AME (Considérations sur l'), par M. Faivre : I. 4. 511.
IMPRIMERIE (Origines de l') en Dauphiné : I. 1. 117. — (L') et les imprimeurs et libraires de Grenoble du XVe au XVIIIe siècle : III. 18. 2e partie.
" IMPROMPTU à Mgr l'Évêque de Grenoble : S. 2. 75.
" INCENDIE des forêts des Monédières au XVIe siècle, par M. l'abbé Marsillac-Laborde : III. 11. XX.
INDRE-ET-LOIRE. Société archéologique de Touraine (e. r. de ses

travaux) : I. 2. 430 ; II. 1. 56 ; II. 2. 375, 672. — Société d'agriculture, sciences, arts et belles-lettres du département d'Indre-et-Loire (c. r. de ses travaux) : I. 4. 498, 500,504 ; III. 10. LXV.

INDUSTRIE (Essai sur les branches d') qui conviennent le mieux au Dauphiné, etc., par M. Achard de Germane : M. 2. 41 (in-4º : 2. 33).

ˑINFLUENCE (De l') de la littérature et du théâtre sur les mœurs en France, depuis vingt ans (1829-1849) : I. 4. 515. — ˑˑ de l'espérance (Mémoire sur l') dans la curation des maladies : S. 2. 80. — ˑˑ (De l') physiologique de la musique : S. 2. 77.

INGOLD (Le P.) oratorien. M. c. : III. 19. XXV. — Propose à l'Académie de publier la correspondance inédite du cardinal Le Camus : discussion : adoption de la proposition : III. 19. XXVII, XXVIII.

INNÉITÉ. V. Lois physiologiques (Des), etc.

INSCRIPTION de la Chapelle-Blanche (Savoie) : II. 1. 149. — ˑˑ de l'église de Saint-Robert : S. 2. 60. — de Pub. Calistus, à Die : III. 12. 119. — du clocher de Saint-Donat : II. 3. 173. — (Une) du XVIIIe siècle : III. 3. 173. — ˑˑ en caractères hiéroglyphiques, en caractères cursifs égyptiens et en grec, trouvée à Rosette : S. 2. 60. — ˑˑ (Explication d'une) en l'honneur de la déesse Isis : S. 2. 61. — funéraire récemment découverte à Die : III. 15. 243. — grecque (Note sur une) du musée Calvet : II. 1. 464. — ˑˑ romaine (Explication d'une) gravée sur le piédestal d'une statue dédiée à Mars, surnommé Cassi : S. 2. 59.

ˑˑINSCRIPTIONS latines de Richelieu à la Sorbonne, et inscription grecque de Beaucaire : III. 3. XXV. — (Publication des) de la France : II. 4. 11.

INSTITUTIONS (Des) commerciales d'Athènes, au siècle de Démosthènes : II. 3. 291.

ˑINSTRUCTION (État de l') à Palerme, en 1859 : II. 3. 203. — ˑˑ (Mémoire sur les moyens de répandre l') dans les campagnes : S. 2. 65.

INSTRUCTION PRIMAIRE (État de l') dans le Briançonnais avant 1789, par M. le Dr Chabrand : III. 16. 252.

ˑˑINSTRUCTION PUBLIQUE (Rapport au Ministre de l'Intérieur sur les établissements d') existant en Dauphiné avant 1790, par M. Ricard, préfet de l'Isère (communiqué par M. Prudhomme) : III. 18. XXI.

ˑINTÉRÊTS (Prompts calculs d') : I. 1. 277.

ˑINTRODUCTION à l'étude du droit : I. 4. 424.

INVASION du Dauphiné en 1692 : notes extraites des archives municipales de Château-Queyras : I. 1. 435.

INVASIONS des Sarrasins ou autres barbares dans les Alpes et dans la vallée du Rhône aux IXe et Xe siècles : mémoire de M. Fauché-Prunelle : I. 2. 216, 226, 440. 474, 497, 806 ; I. 3. 141. — Dissertation de M. Revillout sur l'occupation de Grenoble, au Xe siècle, par une nation païenne : II. 1. 551. — ˑ Note de M. Vingtrinier sur le même sujet : II. 3. 115.

IRRIGATIONS (Des) dans le Briançonnais : I. 5. 110.

ˑˑISÈRE (Mémoire sur l'endiguement de l') : I. 4. 195. ˑˑ — (Notice sur l'histoire et les antiquités du

département de l') : S. 2. 58.
" — (Notice sur les travaux publiés du département de l') : S.
2. 70.
ITALIE MÉRIDIONALE (Une excursion sur les côtes de l') et de la
Sicile : III. 16. 41.

ITIER. M. c. : I. 1. 24.
ITINÉRAIRE de Cadix à Rome : II.
1. 396, 398. — descriptif, histo-
rique et archéologique de la
Maurienne et de la Tarentaise :
III. 14. 257, 365.
IVROGNERIE. V. Suicide.

J

JACOBINS (Essai historique sur
l'emplacement du couvent des)
et de la place Grenette : III. 13.
10.
JACQUIER DE TERREBASSE. V. Terrebasse.
JAFFA (De) à Jérusalem, par M. A.
de Galbert : III. 9. 158.
JALABERT. M. r. : II. 1. 403 ; m.
du conseil d'administration : II.
1. 513, 521 : m. du comité de rédaction : II. 3. 15 ; m. c. : III. 1.
XXIV.
JANSON. M. r. : L. 3. 28 ; archiviste : S. 1. 42 ; vice-président :
S. 1. 40 ; m. c. : S. 2. 31. — " Mémoire sur le nivellement, ou sur
l'application du toisé des solides
au calcul des terrasses : S. 2. 70.
— " Notice sur les travaux publiés du département de l'Isère :
id. — " Rapport sur les mémoires de M. Chaix : id.
JARRY de P.. — " Description de
l'origine et première fondation de
l'ordre des Chartreux, poème,
réédité par M. Colomb de Batines : I. 1. 98.
JAY, professeur de dessin, conservateur du Musée. M. r. : L. 3. 22 ;
président : S. 1. 39. — " Mémoire
sur l'établissement d'un Musée à

Grenoble : S. 1. 57. — " Adresse
sur le même sujet aux citoyens
du département de l'Isère : id.
JAY (Émile). M. r. : I. 5. 120. —
" Rapport sur l'Essai descriptif
de l'Oisans, de M. A. Albert : I.
5. 172.
JEANJEAN. — ' L'homme préhistorique : recherches dans la grotte
de Labry, près Saint-Hippolyte-
du-Fort (Gard) : Recherches géologiques et paléontologiques dans
les Hautes-Cévennes ; grottes de
Trèves et de Meyrueis : III. 11.
LVIII.
JEANNEL. M. r. : III. 8. XVII. — La
morale de Plaute dans le Rudens :
III. 9. 128.
JEPHTALI, poème : I. 4. 292.
JÉRUSALEM CONQUISE (Étude sur
la), du Tasse : III. 11. LXV.
JETONS du Dauphiné : III. 15. 175
(fig.). — (Méreaux et) ecclésiastiques du Dauphiné : III. 16. 376
(fig.). — de présence : un membre propose de les rétablir : nomination d'une commission : rapport : rejet de la proposition :
III. 1. XXXI, XXXIII, XXXIV.
" JEUNE HOMME (Le) et le Vieillard,
fable : I. 4. 224.
JOFFRE (Dr). M. r. : I. 1. 22 ; secré-

taire adjoint . I. 1. 636, 710. — De l'influence de la civilisation sur le développement des maladies en général et sur celui de l'aliénation mentale en particulier : I. 1. 220. — De la phrénologie : I. 1. 310. — Rapports : I. 1. 140, 198, 373. — Notice biographique : II. 1. 545.

Joigny (Le prieuré de) et Jeanne d'Arc : III. 3. 239.

Joly. M. r. : S. 1. 22 : m. du comité : S. 2. 47 ; m. c. : S. 2. 39. — " Idylle e, vers sur les Apennins : S. 2. 71. — " Les deux rats pris à la souricière, fable : id. — " Traduction en vers de deux scènes du *Pastor fido* : id.

Jourdan. M. de la Société littéraire : A. 26 ; m. ordinaire du Lycée : S. 1. 23 ; trésorier : S. 2. 42. — " Fait don à la Société d'une carte du Dauphiné, en six feuilles, exécutée sous sa direction avant la Révolution : S. 2. 71.

' Journaux (Les) chez les Romains, étude historique et philologique : II. 3. 197.

Journée des Tuiles (Lettre du maréchal Dode de la Brunerie sur la), communiquée par M. A. de Rochas d'Aiglun : III. 11. 115. — (Quelques mots sur la), par M. Jules Taulier : II. 3. 40. — " Relation inédite, attribuée à M. l'abbé Gattel : III. 20. XXIV.

Jouve (abbé). M. c. : III. 3. XIX. — " Notice bio-bibliographique, par M. l'abbé Perrossier : III. 8. XIX.

Juge (DE). — ' L'Hirondelle et l'Enfant, fable : I. 4. 530.

Jugement dernier (Étude sur le) de Michel-Ange : I. 5. 41.

Juifs (Les) en Dauphiné aux XIVe et XVe siècles : III. 17. 129.

' Julius Pacius (Étude biographique sur) : I. 1. 116.

Jullien. M. r., puis m. c. : L. 3. 27 : S. 1. 29 ; S. 2. 26. — " Mémoire sur l'étude de la botanique : S. 2. 71. — " Mémoire sur l'enseignement de l'histoire naturelle : id. — " Observations sur l'emploi du plâtre dans la culture du sainfoin, et sur la possibilité de cultiver la vigne dans quelques-uns des cantons de l'Isère, appelés *Terres-Froides* : id. — " Mémoire sur les plantes considérées par rapport à l'agriculture : id. — " Observations sur l'histoire naturelle, la situation, etc., des montagnes de l'Oisans : id.

Jupiter Olympien (Mémoire sur le temple de, à Olympie : I. 2. 242.

Jussieu (DE), membre de l'Académie des sciences. Associé libre de l'ancienne Académie delphinale : A. 29 ; II. 1. 360. — " Traité de l'explication des vertus des plantes, dicté au Jardin royal, par M. de—, professeur en cette partie, en l'année 1751 (ms. appartenant à M. V. Advielle) : II. 3. 256.

Jussieu (DE). — " La Sainte-Chapelle du château de Chambéry : III. 5. XVIII.

' Justice civile et commerciale (Statistique de la) en Savoie, de 1838 à 1848 : I. 5. 200.

" Justice (La) révolutionnaire, par M. Berriat-Saint-Prix : III. 5. XVII.

" Justices (L'organisation des) et le droit criminel dans les villes. V. Droit criminel (Histoire du).

K

KERKHOVE (DE), président de l'Académie d'archéologie de Belgique. M. c. : I. 2. 839.

KERKHOVE-PARENT (DE) [Eugène], membre fondateur de l'Académie d'archéologie de Belgique. M. c. I. 2. 839.

KIRWAN (DE). M. c. : III. 20. X, XVII. — La nouvelle Cosmogonie : III. 20. 207.

L

LA BONNARDIÈRE (Dr). M. r. : III. 12. XVIII ; m. du conseil d'administration et de rédaction : III. 13. V. — " Correspondance parlementaire de Ch. Chabroud, avocat à Vienne, en 1789 : III. 16. XXI. — Coup d'œil historique sur les Quatre-Vallées (Aure, Neste, Magnoac, Barouste, au pays d'Armagnac) : III. 15. 256. — " Du culte de Saint-Jean-Baptiste au point de vue historique et religieux : III. 15. XIX, XX. — Ermenonville en 1807 : III. 14. 57. — ' Étude historique et scientifique sur la Nature et la Vie : III. 20. XX. — Le château delphinal de Crémieu, ballade dauphinoise : III. 13. 361. — Monographie historique, archéologique et artistique de l'église de Notre-Dame, cathédrale de Grenoble : III. 13. 100. — Portrait ethnologique et physiologique des Gaulois : coup d'œil historique sur leurs institutions hygiéniques et médicales :

III. 14. 340. — " Rapports de la médecine et de la philosophie : III. 17. XVIII. — " Une comédie politique : Le saut périlleux de Joachim, bey de Tunis, par MM. de Moydieu et La Merlière : III. 13. XIX. — " Une lettre inédite de Mallet du Pan : III. 19. XXVII.

LABORDE (abbé). M. c. : III. 1. XXXVII. — Rapport sur sa candidature. III. 1. 271.

LABORIE (abbé). M. c. : III. 16. XI.

' LABRY (Recherches dans la grotte de), dans les Hautes-Cévennes : III. 11. LVIII.

' LA CADIÈRE (Les Capitouls ou règlements municipaux de), publiés et annotés par M. le chanoine Giraud : I. 4. 522.

LA CHAPELLE-BLANCHE (Mémoire sur une inscription découverte à) : II. 1. 149.

LACLOS (Choderlos de). V. Choderlos.

LACOCHE (DE). Associé libre de l'ancienne Académie delphinale :

A. 28 ; m. r. : S. 1. 24 ; m. c. : S.
2. 37.

LACOMBE-SAINT-MICHEL. M. c. : S.
2. 35. — " Idylle (sur la mort de
son épouse) : S. 2. 72. — " Idylle
en vers, intitulée : La Mélancolie : id.

" LACORDAIRE (Un épisode de la
vie du Père) : III. 12. XVII.

LACOSTE, de Plaisance. M. c. : S.
2. 39. — " Fait hommage à la
Société des ouvrages suivants :
Observations sur les volcans
d'Auvergne (in-8°, an XI, Clermont, Delcros) ; — Lettres sur les
volcans d'Auvergne (Clermont,
an XIII, in-8°) : S. 2. 72.

LACOUR. M. r. : II. 1. 243 ; m. c. :
II. 2. 8. — " Dissertation sur
l'emplacement de Ventia et de
Solonium : II. 1. 517.

LACROIX. M. c. : III. 2. XXXI.

LADOUCETTE. M. c. : I. 1. 633. —
" Mélanges : I. 2. 10.

LAFARELLE (DE). — " Notice sur
Frédéric Bastiat : I. 5. 200.

LA FONTAINE (Étude sur la correspondance de) : II. 1. 439. — " (Du
silence de Boileau à l'égard de) :
I. 1. 35.

LA GARDE (baron de). V. Paulin
(Le capitaine).

LAGARRIGUE. M. c. : III. 3. XXVI.

LAGIER (abbé). M. c. : III. 19. XXIV.

LAHURE. — " Conférences sur la
marine : III. 10. LXXIX.

LALANDE. M. r. : I. 5. 8.

LALLIÉ. M. c. : S. 2. 24.

LAMARTINE, esquisse littéraire :
III. 6. 125. — (Inauguration de la
statue de), à Mâcon : souvenir du
concours ouvert par l'Académie
de cette ville : III. 16. 134. — orateur politique : I. 3. 91. — poète :
III. 16. 144. " — (Vie intime, politique et littéraire de) : I. 3. 91.

LAMBERT (abbé). — " Chronique de
Guines et Ardres (1918-1203), publiée par M. le marquis de Gode-
froy-Ménilglaise : I. 5. 256.

LAMBERT (Gustave). — " Confé-
rence sur l'expédition projetée
au pôle nord : III. 4. XXI.

LAME d'épée trouvée à Renage. V.
Renage.

LA MERLIÈRE. V. La Bonnardière :
Une comédie politique.

' LAMOIGNON (Biographie du président de) : I. 2. 534.

' LA MOTTE (Guide du baigneur
aux eaux thermales de) : I. 2.
799. — ' (Mémoire sur les eaux
de), et sur les avantages qu'offrirait leur adduction à Grenoble :
I. 1. 363.

LANCIA DI BROLO. M. c. : II. 3. 184.
186. — ' Statistique de l'état de
l'instruction à Palerme en 1859 :
II. 3. 203.

LANDINE (DE). Associé libre de l'ancienne Académie delphinale : A.
30.

LANGAGE (Considérations sur le) :
III. 15. 81. — (Du) philosophique :
III. 41. 124. " — primitif (Princi-
paux caractères du) : S. 2. 68.

LANGON (DE). M. de la Société littéraire : A. 27 : II. 1. 359.

" LANGUE grecque (Essai sur la) et
sur les motifs qui doivent engager à étudier les auteurs grecs :
S. 2. 85. " — latine (Mémoire sur
l'enseignement de la) : S. 2. 72.
— universelle. V. Langues (Simplification et réduction des).

LANGUES (Simplification et réduction des) : I. 2. 26. 656 ; I. 3. 58,
307. — bibliques (Quelques mots
sur une grammaire comparée
des) : II. 1. 539.

' LA NOUE (Le capitaine François
de), dit Bras-de-Fer : III. 10.
XLVII.

LAPAUME. M. r. : III. 1. XXIV : dé-

légué pour représenter l'Académie au Congrès des Sociétés savantes de 1865 : III. 1. XXVII. —
* Anthologie nouvelle, ou Recueil
de poésies patoises des bords de
l'Isère : III. 3. 136. — Dangers
d'une méthode uniforme dans
l'enseignement des langues : III.
1. 211. — " De la symbolique en
architecture : III. 3. XXI. — " La
parure au temps jadis : III. 2. 22.
— * Le mot d'une énigme en
bronze, ou le groupe du jardin
public de Grenoble : III. 1. XLII ;
— 2. XV. — Le prieuré de Joigny
et Jeanne d'Arc : III. 3. 239. —
" Mémoire historique et philologique sur la prononciation du
vieux français : III. 2. XIX. —
Mémoire sur divers usages de la
vie commune chez les anciens :
III. 1. 311. — Observation sur les
différentes manières d'écrire le
nom de Lesdiguières : III. 1.
XXXI. — Réponse aux observations de M. Crozet sur l'Anthologie nouvelle, ou Défense du patois de l'Isère par un étranger
contre un Grenoblois : III. 3. 176.
— * Un mot de plus sur l'épigra-
phie du jour : les inscriptions
latines de Richelieu à la Sorbonne et l'inscription grecque de
Beaucaire : III. 3. XXX. — " Une
page des annales de la Grèce moderne : III. 3. XX.
* LAPEYROUSE (Histoire du général
de) : I. 1. 277. — (Le comte de
Plélo et le général de) : III. 3.
216.
LAPLACE. — (Système de Cosmogonie de) : I. 5. 124.
LAPLANE (Éd. de). M. c. : I. 1. 24.
— * Essai sur l'histoire municipale
de la ville de Sisteron : I. 1. 188.
LA ROCHEFOUCAULD-LIANCOURT
(DE). — * Mémoire sur le suicide
et sur l'ivrognerie : I. 5. 194.
LASALETTE (DE). M. r. : L. 3. 23 ;
S. 1. 21 ; S. 2. 19 ; vice-président :
S. 1. 40 ; m. du comité : S. 2. 47,
48 ; trésorier : S. 2. 40. — " Discours prononcé le 1er frimaire
an X, à la rentrée de l'École centrale de l'Isère : S. 2. 73. — " Dissertation sur la flûte qui servait
à accompagner les comédies de
Térence : id. — " Dissertation
sur l'origine du chant, de la lyre
et de la flûte, attribuée à Pan,
servant d'introduction à des recherches sur les instruments de
musique anciens et modernes, et
sur leur origine : S. 2. 72. —
" Histoire abrégée du galvanisme : S. 2. 73. — " Hymne religieux traduit de l'allemand en
français : id. — " Mémoire sur
la moralité de la musique dans
ses rapports avec l'éducation et
les institutions nationales : S. 2.
72. — " Mémoire sur le rythme
musical : id. — " Mémoire sur
l'enseignement de la langue latine : id. — " Mémoire sur les pa-
ratonnerres : id. — " Nécessité
d'établir à Grenoble un enseignement de musique : id. — " Nouvelle méthode d'écrire la musique
pour les compositeurs : id. —
" Observations sur quelques particularités sur l'état actuel de la
musique en Italie : S. 2. 73. —
" Réflexions sur le projet d'établissement d'une école de musique à Grenoble, proposé par
M. Chalvet : S. 2. 72. — " Réflexions sur les procédés de la
peinture au lait, découverte par
M. Cadet de Vaux : S. 2. 73. —
" Remarques sur un trait de
l'histoire d'Alexandre-le-Grand :
id. — Sténographie musicale, ou
manière abrégée d'écrire la mu-

sique, à l'usage des compositeurs et des imprimeries : S. 2. 74.

LATOUR. M. c. : I. 1. 220.

LA TOUR-DU-PIN (DE), comte de la Charce. M. c. : III. 18. XVII.

** LA TOUR-DU-PIN (Histoire inédite de) : III. 18. XIX.

LAUGIER, médecin. M. r. : S. 2. 24. — ** Constitution épidémique de Grenoble des trois derniers mois de l'an VII et des six premiers de l'an VIII, avec la notice des maladies qui l'ont précédée et suivie (Grenoble, Giroud, an IX, in-8°) : S. 2. 74.

LAURENCE. M. c. : L. 3. 27 ; m. r. : S. 1. 22 : S. 2. 20 : vice-président : S. 1. 40 : S. 2. 44 ; président : S. 2. 43. — ** Dieu et ses ouvrages, ode : S. 2. 74. — ** Hymne au Soleil : S. 2. 75. — ** Impromptu à Mgr l'évêque de Grenoble à la séance du 1er frimaire an XI : id. — ** La Religion, ode : id. — ** La Religion triomphant du fanatisme et de l'impiété, ode : id. — ** L'Esprit et la Raison : S. 2. 74. — ** Le Temps ramenant la paix : id. — ** Ode à l'Être suprême : id. — ** Ode sur la guerre entre la France et l'Angleterre : S. 2. 75. — ** Ode sur le Temps : S. 2. 74. — ** Stances anacréontiques : S. 2. 75. — ** Stances faites par l'auteur pendant sa captivité, en l'an II : id. — ** Stances sur l'amitié : id. — ** Tableau des Quatre Saisons, stances : S. 2. 74. — ** Traduction en vers de l'ode d'Horace : *Ad Lælium* : id. — ** Traduction en vers de l'ode d'Horace : *Rectius vives, Licini* : id. — ** Traduction en vers d'une ode d'Horace : id.

LAVALETTE. — ** Le voyageur pressé, fable : I. 4. 224.

LE BIDARD DE THUMAIDE (chevalier de). M. c. : I. 3. 263.

LE CAMUS (cardinal). — Catalogue des évêques de Grenoble, publié et annoté par M. l'abbé Chevalier : III. 3. 358. — Correspondance : projet de publication par l'Académie : III. 19. XXVII, XXVIII. — (Une page inédite de la vie du cardinal) : III. 17. 248.

LECTURES PUBLIQUES (Les) à Rome : III. 12. 54.

LEFFEMBERG (DE). M. r. : II. 1. 243.

** LÉGISLATION (La) criminelle et la police sous les Dauphins : S. 2. 53. — ** (Mémoire sur la) de Moïse et les mœurs des Hébreux : S. 2. 58.

LEGOUPILS (abbé). — * Épître fraternelle, poésie : I. 4. 535.

LEHR. — * Quelques mots sur Pfeffel : I. 3. 90. — Deux fables de Pfeffel, traduites par le même : id., 91. — Stances à la mémoire de Guttemberg : id., 95.

LEMAISTRE. M. de l'ancienne Académie delphinale : A. 27 : II. 1. 336.

LEMAÎTRE (Jules), professeur à la Faculté des lettres de Grenoble. M. r. : III. 19. XXV.

LEMPS (abbé de). M. r. : I. 1. 22. — Rapport : I. 1. 207.

LENOIR DE LA ROCHE (ou Lenoir-Laroche). Associé libre de l'ancienne Académie delphinale : A. 29 : m. c. du Lycée : L. 3. 26 : S. 1. 28 : S. 2. 28.

LENORMANT (Ch.). M. c. : I. 2. 213. — * Preuves de la découverte du cœur de saint Louis (introduction) : I. 2. 215.

LEPELLETIER-DESLANDES. — * Analyse du voyage en Icarie de Cabet : I. 4. 542. — * Rapport sur la

session du congrès scientifique tenue à Rennes en 1849 : I. 3. 349.

LÉRÉBOULLET. — * Esquisses zoologiques sur l'homme : I. 3. 93.

LEROY (Dr). M. r. : I. 1. 20 ; m. du conseil d'administration : I. 1. 710 ; II. 1. 404 : secrétaire-adjoint : I. 2. 485. 364. — Communication sur l'action stupéfiante de la vapeur d'éther sulfurique : I. 2. 213. — * De l'éducation physique des enfants : I. 1. 198. — Discours sur l'histoire et les progrès de la chimie : I. 1. 74. — " Essai sur les facultés intellectuelles : I. 1. 37, 40. — Rapports : I. 1. 204. 205 ; — 2. 326 : III. 1. 141. — Souvenirs de l'île d'Elbe (1814-1815) : I. 1. 239. — Notice biographique : III. 4. 35.

LESCŒUR. M. r. : II. 1. 405 : m. c. : II. 2. 14. — Étude sur Vauvenargues : II. 1. 524.

LESCHEVIN. M. c. : S. 2. 40. — Publications diverses envoyées à la Société : S. 2. 75.

LESDIGUIÈRES (Correspondance et documents relatifs à) : publication entreprise par M. le comte Douglas, avec le concours de l'Académie : III. 2. XXVIII. XXX : rapport de M. Caillemer : id., p. 173. — * (Étude biographique sur), à propos de la statue du Jardin de ville de Grenoble, ou : Une énigme en bronze, par M. Lapaume : III. 1. XLII. — (Discours de) à l'assemblée des réformés de Die en 1579 : I. 1. 655. — " Journal de ses campagnes jusque vers 1597 (ms. communiqué par M. Chaper) : III. 3. XXVII. — (Lettre de) au vibailly de Briançon, annonçant la naissance du dauphin : I. 1. 331. — (Lettre de) au sieur de Prabaud : récit de la bataille d'Esparron : I. 1. 703. — (Lettres de) recueillies par M. Fréd. Lock : l'Académie décide leur impression : II. 1. 521. — (Ordonnance de) rétablissant dans leurs fonctions le vibailly et le procureur du Roy de Briançon : I. 1. 695. — (Orthographes différentes du nom de) : III. 1. XXXI

LESSEPS (DE). M. c. : III. 6. XV.

" LESSING (Étude sur Gœthe et) : III. 16. XIX.

LETELLIER. M. c. : III. 12. XVII. — " Le mot, origine de la raison : III. 11. XX.

LÉTOURNEAU. M. r. : L. 3. 24 : secrétaire : S. 1. 40 ; m. c. : S. 1. 34 ; S. 2. 35. — " Traité élémentaire de gnomonique : S. 2. 76.

LETOURNEUR. — " Mémoire sur la maladie épidémique qui régnait à Grenoble en l'an VIII : S. 2. 76[1].

LETRONNE. — * De la valeur du sel marin comme engrais. Observations sur de nouveaux fruits à cidre : I. 4. 500.

LETTRE (Une) autographe du baron des Adrets (fac-simile) : III. 1. 178. — de M. L. Delisle, annonçant la demande d'une récompense pour la publication des Cartulaires de Saint-Robert et des Écouges : III. 2. XIX. — de M. Deschamps : III. 3. XVII.

---

1 Cet opuscule est attribué à tort au cit. Létourneau dans les plaquettes S. 1. et S. 2. V. aux archives de la Société la page v de la séance du 23 nivôse an VIII.

* LETTRES à Lucie sur le canton de Mens : I. 1. 647. * — critiques adressées à M. Michel Chevalier par M. H.-C. Carey, des États-Unis, sur l'économie politique : III. 1. 33. — de Bayard, de Henri III, de Henri IV, de Louis XI, de saint François de Sales, etc. : v. ces noms. — de divers rois et reines de France à l'évêque de Grenoble ou au Conseil delphinal (XIVe, XVe et XVIe siècles) : I. 2. 452. — inédites de J.-J. Rousseau (fac-simile) : II. 2. 509. — id. du cardinal Le Camus, communiquées par le P. Ingold, de l'Oratoire : projet de publication : discussion : III. 19. XXVII, XXVIII. — id. du chevalier Bayard (fac-simile) : III. 2. 21. — ministérielles relatives : 1° à la prochaine arrivée à Grenoble de G. Lambert, promoteur de l'expédition au pôle Nord : III. 4. XVI ; 2° à la subvention ministérielle accordée à l'Académie pour la publication du travail de M. Maignien sur l'imprimerie à Grenoble : III. 20. XXII ; 3° à l'exposition de Vienne : l'Académie est invitée à y prendre part : III. 9. XV ; 4° aux congrès annuels des Sociétés savantes : II. 3. 23 : III. 1. XXIX ; — 2. XVI ; — 3. XIX ; — 4. XVII ; — 10. XVI ; — 12. XVII ; — 13. XVII ; — 14. XVII ; — 16. XVIII ; 5° aux récompenses décernées à l'Académie et à M. le chanoine Auvergne à l'occasion de la publication des Cartulaires de Saint-Robert et des Écouges : III. 2. XX. — V. au mot : Circulaires ministérielles. — ** sur le Gard : I. 1. 228. — (Transport des) en Dauphiné au XVIIe siècle : création de deux messagers spéciaux : I. 1. 237.

LÉVEILLÉ. M. c. : S. 2. 32.

LEVERRIER. — * Considérations sur les petites planètes : I. 5. 122.

LEVOL. — * L'Académie ; Épitre à Jules Janin, pièces de vers (extraits) : I. 3. 84, 85.

LÉZARDIÈRE (Mlle de). — * Théorie des lois politiques de la monarchie française : I. 2. 123.

LIBRAIRES de Grenoble. V. Imprimerie.

LIEBLEIN. — * Recherches sur la chronologie égyptienne, d'après les listes généalogiques : III. 11. LXXIII.

LIMUR (DE). M. c. : III. 2. XVI. — * Note sur les transformations successives du monde et de l'homme pendant les périodes préhistoriques : III. 10. XLIV.

LINTANT. M. c. : L. 3. 27 ; S. 2. 29.

LIONNE (Essai biographique sur Hugues de), par M. F. Réal : II. 1. 104. — (Hugues de), d'après des publications récentes, par M. A. Macé : III. 13. 333. — ** (Notice sur Hugues de), par M. Ducoin : I. 4. 676.

LIOTARD (Claude) et Liotard (Pierre), botanistes à Grenoble : notices biographiques : ** S. 2. 51, 89 : II. 2. 359.

LITTÉRATURE. — ** (Histoire de la) : S. 2. 63. — (Rapport sur la) et les beaux-arts : I. 1. 463. — * française (La) depuis les origines jusqu'au XVIe siècle : son génie et son influence, par M. Roux : III. 10. LI. — * grecque (Histoire de la), par M. Pierron : I. 3. 737.

LITTRÉ et Robin. — Dictionnaire de médecine (analyse critique) : III. 8. 182.

LIVRE DU Roy de Briançon : sa valeur historique : son auteur : I. 1. 210, 411. — (Communications et documents tirés du), par M. Fauché-Prunelle : I. 1. 210.

232. 329, 409, 546, 653, 686 ; I. 2.
136, 272, 305, 318 [1].

** LOGARITHMES (Nouvelle méthode
pour trouver les séries par lesquelles on exprime les) : S. 2. 70.
— des fractions. V. Méthodes.

LOIRE (HAUTE-). Société d'agriculture, sciences, arts et commerce
du Puy (c. r. des travaux) : II. 1.
55 ; II. 2. 374.

LOIRE-INFÉRIEURE. Société académique de Nantes (c. r. des travaux) : I. 5. 203 ; II. 2. 374 ; III.
10. LXI.

LOIS. — ' administratives (Faut-il
codifier les) ? II. 1. 712. — agraires. V. Propriété (Histoire de la),
etc. — ' (Des physiologiques de
l'innéité et de l'hérédité : I. 4.
504. — '' (Histoire des) burgondes : III. 9. XVIII. — ' (Théorie
des) politiques de la monarchie
française : I. 2. 123.

LOMET. M. c. : L. 3. 27 ; S. 1. 30 ; S.
2. 30. — '' Mémoire sur la fabrication des crayons de pâte sanguine employés pour le dessin :
S. 2. 76. — '' Mémoire sur les
eaux minérales et les établissements thermaux des Pyrénées :
id. — '' Mémoire sur l'emploi des
aérostats dans les reconnaissances militaires : id.

LONG (J.-P.). — ' La Réforme et les
guerres de religion dans le Dauphiné : II. 1. 63.

LOQUIN. — ' Un procès d'histoire
littéraire : les poésies de Clotilde
de Surville : III. 10. LVI.

LORY. M. r. : III. 12. XXI. — La géologie dans les Alpes : III. 17. 50.

LOUIS XI (Lettres de) à l'évêque de
Grenoble et au Conseil delphinal : I. 2. 452.

LOUIS XV (Lettre de) à son fils : I.
3. 562.

LOUPPY (Raoul de Vienne, sire de) :
III. 16. 35.

' LUCIEN (Étude sur), par M. de
Bouchemann : I. 5. 207.

' LUCRÈCE, tragédie, par Ponsard :
I. 1. 458.

LUMIÈRE (Vitesse de la) : I. 3. 30.

' LUTHIERS (Le vernis des anciens)
d'Italie perdu et retrouvé : III.
2. 96.

LYCÉE des Sciences et des Arts de la
commune de Grenoble. — Approbation administrative : L. 1. 12 ;
L. 3. 2, 3, 5. — Associés étrangers : L. 3. 25. — Bureau (Composition du) : L. 3. 30. — Discours d'ouverture de la première
séance publique : L. 3 (feuillet
non chiffré). — Local des séances : L. 3. 5, 6. — Membres correspondants. V. ci-dessus : Associés étrangers. — Membres ordinaires : L. 3. 21. — Mémoires
lus ou envoyés jusqu'en l'an VIII :
L. 3. 13. — Officiers. V. ci-dessus : Bureau. — Prend le nom
de Société des Sciences et des
Arts : S. 1. 4 ; S. 2. 2. — Règlement : L. 1. 3. 12 ; L. 2. 1 ; L. 3.
8. — Séances publiques : L. 2. 1.

LYON (Société littéraire de) : doit
échanger son bulletin avec celui
de l'Académie delphinale : III. 2.
XXIV.

---

1 V. au mot : FAUCHÉ-PRUNELLE, note 1, l'analyse sommaire des diverses lectures
faites par ce membre à l'Académie, d'après le Livre du Roy de Briançon. Chacun de
ces sous-titres, ou tout au moins les plus importants d'entre eux, se retrouvent d'ailleurs dans la présente Table, classés à leur ordre alphabétique.

M

MACÉ (Antonin). M. r. : 1. 3. 58 ;
secrétaire-adjoint : II. 1. 147, 241.
245 ; trésorier : II. 1. 401, 404.
513 ; — 2. 1. 377 ; — 3. 8. 183. 196 ;
III. 1. xiv ; — 2. 3. v ; m. du conseil d'administration : III. 7. xvii ;
— 9, 10. v. — Cippe funéraire
trouvé à Romagnieu (Isère) : II.
1. 229. — De l'authenticité des
poésies de Clotilde de Surville :
II. 3. 29. — *Description du Dauphiné, de la Savoie, du Comtat
Venaissin, de la Bresse, et d'une
partie de la Provence, de la Suisse
et du Piémont au xvi⁰ siècle,
extraite du premier livre de l'*Histoire des Allobroges,* par Aymar
du Rivail, traduite pour la première fois en français, et accom-
pagnée de notes historiques et
géographiques : 1. 5. 32. — Dissertation sur le billet attribué à
François Iᵉʳ après la bataille de
Pavie : 1. 4. 10. — *Histoire de
la propriété, du domaine public
et des lois agraires chez les Romains : 1. 4. 195. — Hugues de
Lionne, d'après des publications
récentes : III. 13. 333. — Le comte
de Plélo et le général Lamotte de
Lapeyrouse : III. 13. 216. — Le
passage du Guildo, ou un Léonidas breton : épisode de la guerre
de sept ans : III. 2. 37. — Cyrène
et le silphium des anciens (extrait) : II. 1. 67, 124. — Mémoire
sur quelques points controversés
de la géographie des pays qui
ont constitué le Dauphiné et la
Savoie, avant et pendant la domination romaine (carte) : II. 2.
386. — Notes inédites de Villars
sur quelques botanistes dauphinois : II. 2. 353. — Observations
à propos d'une lecture de M. de
Saint-Andéol (la verrerie dans
l'antiquité) : III. 1. 267. — Proposition relative à la nomination
d'un bibliothécaire-archiviste :
III. 9. xv. — Id. à l'association
africaine internationale : III. 14.
xvi. — Id. au compte rendu des
ouvrages envoyés par les Sociétés correspondantes : III. 1.
xxxii. — Id. aux obsèques des
membres résidants qui décèdent
à Grenoble : II. 1. 147. — Rapports sur les candidatures de
M. l'abbé Laborde, de M. le docteur Chevalier et de M. Brouchoud, au titre de membres correspondants : III. 1. 274, 392 ; —
2. 108. — Autres rapports : 1. 3.
131, 178 ; " — 4. 488 ; — 5. 180 ;
II. 2. 8, 10, 11, 12, 382, 383 ; III. 1.
273, 277 ; — 2. xxxi, 141 ; " — 9.
xvi. — Réponse au mémoire de
M. Imbert-Desgranges sur le passage des Alpes par Annibal : 1. 5.
82. — Un procès d'histoire littéraire : les poésies de Clotilde de
Surville : documents inédits : III.
5. 75.

MACHEREZ. — *Le notaire et le
poète ; les deux araignées ; le
chien et l'ours ; le hibou et le rossignol : l'édifice, les arcs-boutants
et la tourelle, fables : 1. 4. 530.

** MAGNÉTISME ANIMAL. (Observations sur le) : 1. 1. 37.

MAGNIEN. — * Étude biographique sur Weber : I. 2. 733.

MAIGNIEN. M. r., puis m. c. : I. 1. 197 ; de nouveau m. r. : I. 2. 364 ; m. du conseil d'administration : I. 2. 587 ; — 4. 1. 303 ; II. 1. 147, 241 ; — 3. 15 ; III. 2, 3, 8, 9, 14, 15, 17. v ; président : II. 1. 3. 9 ; III. 1. XIV, XL ; — 6. XV ; délégué pour représenter l'Académie au congrès des Sociétés savantes de 1865 : III. 1. XXVII. — Allocutions prononcées en prenant possession de la présidence : III. 1. 384 ; " — 8. XV. — Art et photographie : III. 3. 308. — Conclusion morale dans les ouvrages qu'on peut considérer comme des œuvres d'art : II. 1. 366. — Définition et analyse esthétique de l'idée de l'art, considérée dans l'artiste et dans l'œuvre d'art : II. 3. 269. — " De l'élément esthétique et de l'élément historique dans l'étude de l'art : III. 2. XX. — Dissertation sur le principe de l'art : II. 3. 104. — Étude sur la correspondance de La Fontaine : II. 1. 439. — Étude sur le jugement dernier de Michel-Ange : I. 5. 41. — " Étude sur les poésies de Soffrey de Calignon : III. 6. XVII. — Études d'esthétique : III. 10. 349. — " Études sur l'esthétique : définition et caractères du beau : I. 5. 124, 137. — " Id. : des divers degrés de beauté relative par où passe la matière pour arriver à représenter l'esprit : I. 5. 224. — " Id. : du rôle de la matière dans l'expression du beau : I. 5. 289. — Galeswinthe, drame en vers : I. 4. 539. — Le béotien (espèce pullulante) : I. 3. 260. — Le fâcheux : I. 4. 482. — Le premier mariage sur la terre : III. 10. 343. — Le professeur (espèce perdue) : I. 3. 188. — " Lecture sur quelques points d'esthétique : III. 9. XVIII. — Néron et Lucain, étude historique en cinq parties : I. 2. 463, 564, 704. — Pensées et réflexions sur quelques principes de l'art : II. 1. 496. — Philosophie du Dictionnaire de médecine de Littré et Robin : III. 8. 182. — Préjugés en fait de littérature et d'art : II. 1. 43. — " Principes et règles fondamentales de l'esthétique : III. 11. XVIII. — Rapport sur le concours annuel de 1878-1879 : III. 15. 381. — Rapports : II. 3. 252 ; " III. 10. XVI. — Réponse au discours de réception de M. Berger : III. 8. 95. — Id. de M. Debanne : id., 105. — Id. de M. Dugit : id., 143. — Id. de M. Fialon : id., 50. — Id. de M. de Rochas d'Aiglun : id., 32. — " Traduction de vers latins et grecs de Soffrey de Calignon : III. 9. XV. — Un mot de philologie sur quelques racines hébraïques : III. 8. 169.

MAIGNIEN (Edmond), fils du précédent. M. c. : III. 3. XVII ; m. r. : III. 15. XXII ; bibliothécaire-archiviste : III. 18, 19. 20. v. — Communique des planches de cartes à jouer découvertes dans une ancienne reliure : III. 20. XXIV. L'imprimerie, les imprimeurs et les libraires à Grenoble du XVe au XVIIIe siècle : III. 18. 2e partie. — Épitaphe du dauphin Guigues le Gras : III. 6. 90. — Les marques de notaires en Dauphiné (fig.) : III. 14. 46. — Notice historique sur l'abbaye des Ayes, de l'ordre de Cîteaux (fig. : III. 2. XXXVII, 424. — Raoul de Vienne, sire de Louppy, gouverneur du Dauphiné (1361-1369) : III. 16. 35. — Sceaux du prieuré de Saint-

Robert-de-Cornillon : III. 6. 87.
— Un nécrologe de la ville de
Grenoble : III. 3. XVI, 3.
MAIGNIEN (Paul). M. c. : III. 8. XIX.
MAILLEFAUD. — ' Histoire du mo-
nastère de Montfleury : II. 1. 317.
MAINE-ET-LOIRE. Académie d'An-
gers (c. r. des travaux) : III. 10.
LXIII. — Société académique de
Maine-et-Loire (c. r. des travaux) :
II. 1. 591. — Société d'agricul-
ture, sciences et arts d'Angers
(c. r. des travaux) : I. 3. 760 ; II.
1. 591. — Société industrielle et
agricole d'Angers (c. r. des tra-
vaux) : III. 10. LXV.
" MAINTENANCES (Les), par M. A.
du Boys : II. 1. 518.
' MAINTENON (Mme de) et Mme d'Heudicourt . III. 11. XLVII.
' MAIRAN (Éloge de) : I. 1. 295.
MAISTRE (le comte de), sénateur à
Chambéry. Associé libre de l'ancienne Académie delphinale : A.
30 ; II. 1. 360.
" MALADIE ÉPIDÉMIQUE (Mémoire
sur la) qui régnait à Grenoble en
l'an VIII : S. 2. 761.
" MALADIES qui ont précédé le
décès (Notice sur les), à joindre
aux actes de décès : S. 2. 88. —
Rapport sur ce mémoire, par
M. Berriat-Saint-Prix : S. 2. 51.
MALLE. — Jugement sur Lamar-
tine : I. 3. 91.
MALLEIN (Antoine-Jules). M. r. : I.
1. 20. — ' Considérations sur l'enseignement du droit administratif : II. 1. 587. — ' Faut-il codifier les lois administratives ? II.
1. 712. — Notice biographique :
III. 4. 10.
MALLEIN (Jules-Casimir). M. r. : II.
3. 183, 190 ; secrétaire-adjoint :
II. 3. 196 ; III. 1. XIV, XL ; — 2.
XXVI. V ; — 3. XXVII. V : — 4.
XXV ; — 5, 6. V ; — 7. XV. —
Éloge de M. le président Blanchet : II. 3. 280.
MALLET. M. r. : I. 1. 40 ; m. c. : I.
1. 24. 113 ; délégué pour représenter l'Académie aux congrès
des Sociétés savantes de 1865 :
III. 1. XXVII. XXIX. — " Dissertation sur les œuvres historiques
de Rollin : I. 1. 40. — ' Étude
sur les doctrines du saint-simonisme : I. 1. 113. — ' Études philosophiques : I. 1. 260.
" MALLET DU PAN (Lettre inédite
de), communiquée par M. La Bou-
mardière : III. 19. XXVII.
MANCHE. Société académique de
Cherbourg (c. r. des travaux) : I.
2. 501, 523, 525, 534, 538 ; II. 1. 141.
MANDELOT (Lettre de), gouverneur
de Lyon, au baron de Gordes : I.
1. 550.
MANDRIN (Un portrait de), sur une
plaque en cuivre trouvée à Valence : III. 14. XIX. — (Une ruse
de) : appareil destiné à retourner
l'empreinte des fers de son che-
val : II. 3. 44 (fig.).
MANUSCRIT DU XVIIIe SIÈCLE (Extraits d'un) sur divers sujets pour
la plupart historiques (Mémoire
de Fontanieu sur l'origine de la
réalité des tailles en Dauphiné :...
— Suppression et rétablissement
du Parlement en 1775 ;... — Mort
de Mgr de Caulet (1771) : acquisition de sa bibliothèque par la
ville, etc.) : I. 3. 536.
MARAIS DE FONTANES. M. c. : III.
5. XIX.
MARC (DE). M. r. : III. 18. XIX.
MARCHEGAY. — Lettre inédite de

---

1 V. la note de la page 62.

Jouffrey de Montchenu, datée de la Tour-du-Pin, du 22 février [1494 ou 1500] : II. 1. 137.

" MARCUS BRUTUS (Extrait de la vie de), de Plutarque : S. 2. 50.

MARGUERITE D'AUTRICHE. V. Autriche.

MARGUERITE DE BOURGOGNE, ou Marguerite d'Albon, femme de Guigues IV, dauphin. — " (Éloge historique de), par le chanoine Barthélemy : M. 1. 7 (in-4° : I. 5). — Fonde l'abbaye des Ayes en 1141 : III. 2. 425. — Notice biographique, par M. A. du Boys : II. 3. 227.

MARGUERITE (Lettre de la reine), première femme d'Henri IV, à l'évêque de Grenoble : I. 2. 452.

" MARIAGE (Du) des patriciens et de la confarréation : II. 3. 200. — (Le premier) sur la terre : III. 10. 343.

" MARLBOROUGH (La chanson de), par M. Parizot : I. 5. 128.

" MARINE (Conférences sur la), par M. Lahure : III. 10. LXXIX.

MARMONTIER (D°). M. c. : III. 14. XX.

MARNE. Académie de Reims (c. r. des Travaux) : II. 1. 715 ; II. 2. 374. — Société d'agriculture et de commerce de Châlons-sur-Saône : travaux divers (c. r.) : I. 4. 514.

" MARNE (Mémoire sur la) et sur son emploi dans l'agriculture : S. 2. 87.

MARQUES de notaires (Les) en Dauphiné : III. 14. 46.

MARSILLAC-LABORDE. — " Incendie des forêts des Monédières au XVe siècle : III. 14. XX.

MARTIN. — " Histoire de la langue et de la littérature françaises : I. 4. 537.

MARTIN, médecin à Lyon. M. c. : S. 2. 34.

" MARTIN (Notice littéraire sur l'abbé), d'Agde : III. 14. XXXVI.

MARTIN, professeur au collège de Grenoble. M. r. : I. 2. 107. — L'Algérie, poésie : I. 2. 266. — La Dame, poésie, I. 2. 399.

MARTIN D'AUSSIGNY. M. c. : II. 3. 28. — " Huit brochures : Notice sur Victor Orcel ; Explication raisonnée du tableau votif du choléra, peint par Orcel pour la chapelle de Fourvières ; Notice sur le perfectionnement de la peinture à l'huile par Jean de Bruges au XVe siècle ; — sur l'inscription de Sabinius Aquila ; — sur des découvertes archéologiques faites à Lyon en 1859 ; Éloge de M. Vibert, peintre ; — de M. Bonnefond, directeur de l'École des Beaux-Arts de Lyon ; Description du Campo-Santo, de Pise : II. 3. 169. — " Monuments épigraphiques retirés du Rhône en décembre 1863, janvier et février 1864 : II. 3. 371.

MASSAS (DE) (Adrien), capitaine d'artillerie. M. c. : I. 1. 24.

MASSAS (DE) (Charles). M. c. : I. 1. 360. — " Derniers jours de l'Empereur : I. 1. 361.

MASSOT. M. r. : I. 3. 193. — " Coutumes inédites de Perpignan : I. 3. 295.

" MATÉRIALISME (Du) scientifique en Allemagne et en Angleterre : III. 12. XVII.

MATHIEU. — " L'Enfant et les Marionnettes, fable : I. 4. 223. — " Le Nègre et le Philanthrope, conte : ibid.

MATHILDE (La comtesse), étude dramatique : II. 1. 247.

MAUCLERC. M. c. : I. 3. 25 ; S. 1. 27 ; m. r. : S. 2. 23. — " Discours sur l'influence de l'amitié sur les mœurs : S. 2. 76. — " Disserta-

tion sur l'influence de la musique considérée physiologiquement : id. — '' Épitre en vers à Bonaparte : id. — '' Exorde d'un poème sur l'art de guérir : id. — '' Mon rêve, ou Voyage au temple de Delphes : id. — '' Voyage badin en vers et en prose : id. — Publications diverses : id.

MAUCROIX (Étude sur François de) : III. 8. 52.

''MAUPEOU (Étude sur la réforme judiciaire du chancelier) et ses conséquences en Dauphiné, par M. Desplagnes : III. 17. 90.

MAUPHIÉ (Fouilles faites dans les *tumuli* de), commune de Pael : III. 20. 383.

MAUREL. M. r. : S. 1. 23 ; S. 2. 20 ; m. du comité : S. 1. 42 ; vice-président : S. 1. 40 ; président : S. 2. 43. — '' C'est le Chat, fable : S. 2. 78. — '' Discours d'ouverture de la séance du 30 thermidor an XI : id. — '' Dissertation sur les causes qui différencient le style des anciens de celui des modernes : S. 2. 77. — '' Éloge de M. Ricard, ancien préfet de l'Isère : id. — '' Épitre aux Grâces : id. — '' Fragments d'un discours sur l'influence de la poésie : id. — '' Fragments d'une traduction nouvelle de l'Orateur, de Cicéron : S. 2. 77. 78. — '' La mort de Sénèque, traduction de Tacite : S. 2. 78. — '' Réflexions sur un passage des Tusculanes, de Cicéron : id. — '' Publications diverses (Le Monument, traduction d'une églogue de Virgile) : id.

MAUREL DE ROCHEBELLE (Albert). M. r. : I. 3. 752 ; m. du conseil d'administration : II. 1. 9, 145 ; secrétaire-adjoint : II. 3. 183, 189. — ' Le monde invisible : I. 3. 253. — Rapport : I. 5. 58.

MAURIENNE (Itinéraire descriptif, historique et archéologique de la) et de la Tarentaise : III. 14. 257. — ' (Monographie de la basse) : II. 3. 202. — (Notice épigraphique sur la) et la Tarentaise : III. 14. 365.

MAURIN. — ' Des changements opérés par l'émancipation des noirs dans la société coloniale : I. 5. 203. — ' La Guyane française : id.

MAZARIN (Publication de la correspondance de) : II. 1. 11.

'' MÉCANIQUE (Prospectus d'une) destinée à imiter la voix humaine : S. 2. 79.

'' MÉDAILLES légionnaires (Des) : III. 4. XX.

'' MÉDECINE (Essai sur la) du cœur : S. 2. 83. — '' Des rapports de la) et de la philosophie : III. 17. XVIII.

MEDULLI (Situation et limites des) : II. 2. 398.

'' MÉLANCOLIE (La), idylle : S. 2. 72.

' MÉLANGES biographiques et bibliographiques, relatifs à l'histoire littéraire du Dauphiné, par MM. Colomb de Batines et Jules Ollivier : I. 1. 118. — ' et souvenirs d'histoire, de voyages et de littérature, par le général Yermoloff : III. 6. XVI. — ' physico-mathématiques, par M. Berard, de Briançon : S. 2. 50.

MÉMINES : II. 2. 404.

'' MÉMOIRES de M. Chaix : S. 2. 70.

MENABREA (Léon). — ' De l'origine, de la forme et de l'esprit des jugements rendus au moyen âge contre les animaux : I. 2. 339. — ' Chorographie des Alpes occidentales (Savoie, Dauphiné, Bresse, Bugey, Suisse romane, Valais et val d'Aoste, aux IXe, Xe, XIe et XIIe siècles : I. 2. 301.

Menche de Loisne. — ' De l'influence de la littérature et du théâtre sur les mœurs depuis vingt ans : I. 4. 515.

Mendicité (De l'extinction de la) et de l'assistance des pauvres à domicile : III. 1. 147.

Mention honorable accordée à M. Albert du Boys par l'Académie des sciences morales et politiques pour son mémoire sur les *Progrès de la justice criminelle* : I. 3. 177. — décernée par le Ministre de l'Instruction publique aux Cartulaires de Saint-Robert et des Écouges : III. 2. XX. — accordée à M. l'abbé Chevalier par l'Académie des inscriptions et belles-lettres pour la publication des chartes contenues dans le deuxième volume des Documents inédits : III. 11. LXXXI.

Menuret. Associé libre de l'ancienne Académie delphinale : A. 28.

' Mère folle (La) ou Les Gaillardons : I. 3. 276.

Méreaux et jetons ecclésiastiques du Dauphiné (fig.) : III. 16. 376.

Méric. — ' Les blagueurs, satire : I. 4. 532.

Mérimée. — " Lettres inédites, communiquées par M. Stapfer : III. 16. XX.

" Merlot (Excursion au) : III. 17. XXVI.

Mermet aîné, de Vienne. M. c. : I. 1. 23, 542. — ' Ancienne chronique de Vienne : I. 2. 133. — Découverte d'un sceau d'Hugues Capet : I. 1. 542.

Mermet, professeur à Bourg. M. c. : S. 1. 34 ; S. 3. 35. — " A envoyé divers ouvrages : S. 2. 78, 79.

Merveilles (Les) du Dauphiné. V. Dauphiné.

" Mes adieux, pièce de vers : S. 2. 64.

Mesnard. M. c. : I. 1. 23.

Messié. M. c. : III. 16. XXII.

" Météorologie (Mémoire sur la) : M. 2. 3 (in-4° : 2. 5). — des Alpes dauphinoises : I. 1. 465.

Metgé. M. c. : I. 1. 300. — ' Grammaire philosophique et raisonnée : Lettres à une dame sur la grammaire française : Mémoire sur l'alphabet ; Mes loisirs, poésie ; Un roman de M. Léon Camayou : I. 1. 300.

Méthodes d'approximation pour le calcul des racines, des puissances et des logarithmes des fractions : I. 3. 447.

" Mètre (Rapport du) à la toise delphinale : S. 2. 61.

Michal, avocat. M. r. : L. 3. 22 ; S. 1. 20 ; S. 2. 18 : I. 1. 19. — Notice historique sur la Société des Sciences et Arts : I. 1. 5.

Michal, juge suppléant. M. r. : I. 1. 22 : m. du conseil d'administration : I. 1. 710 ; I. 2. 198.

Michel, médecin à Gap. M. r., puis m. c. : L. 3. 27 : S. 1. 29 ; S. 2. id. — " Dissertation sur les fractures de la rotule : S. 2. 79.

Michelet, historien, membre de l'Académie des sciences morales et politiques. M. c. : I. 1. 424.

Michon (abbé). M. de la Société littéraire : A. 25 ; II. 1. 336 ; président en 1788 : M. 2. 4 (in-4° : 2. 5). ' Discours d'ouverture de la séance publique du 12 mars 1788 : id.

Millard. — ' Sceau de la régale de l'évêché d'Autun : I. 3. 271.

Millet (Le poète J.) et l'abbaye de Bongouvert : III. 4. 41 (fac-simile et sceaux).

Millière (Dom), bénédictin à Dijon.

Associé libre de l'ancienne Académie delphinale : A. 29.

MILLIN. M. c. : S. 1, 2. 34. — Liste des publications envoyées par lui à la Société : S. 2. 79.

" MINE D'OR (La) de la Gardette, en Oisans : M. 2. 3 (in-4° : 2. 5).

" MINERAI d'argent (Procédé employé pour traiter le) à la fonderie d'Allemont : S. 2. 86.

" MINÉRALOGIE synoptique : S. 2. 87.

" MINES (Observations sur les) en général, suivies d'un précis historique sur la mine d'argent d'Allemont : S. 2. 86. — " et eaux minérales du département de l'Isère : S. 2. 88.

MINISTRE de l'Instruction publique. Accorde à l'Académie une subvention de 600 fr. pour la publication de l'*Histoire de l'Imprimerie à Grenoble* : III. 20. XXVI.

MIRIBEL (DE). M. r. : I. 1. 21.

' MISÈRE (Considérations sur la) : I. 3. 47.

" MŒURS des Hébreux. V. Législation de Moïse.

' MOIRANS (Monnaies gauloises découvertes à) : III. 15. XXII. — '(Monographie religieuse et historique de) : I. 5. 32. — (Objets antiques découverts à) : III. 4. 205 (fig.).

MOLÉON (DE). M. c. : I. 2. 587.

MOLIÈRE (Séjours de) à Lyon. V. Théâtre de Lyon.

MOLLARD. M. r. : L. 3. 24 ; m c. : S. 2. 32. — " Prospectus d'une mécanique où l'on se propose d'imiter la voix humaine : S. 2. 79.

MOLLEVAUT aîné. M. c. : S. 2. 38. — " Fait hommage à la Société du discours prononcé par lui à la fête du 14 juillet, à Nancy : S. 2. 79.

MOLLEVAUT jeune. M. c. : S. 2. 38. — " A un arbrisseau, idylle : S. 2. 80. — " Traduction de l'ode 45me d'Anacréon : id. — " Traduction en vers d'une partie du 4e chant de l'Énéide : id. — " Fait hommage à la Société des publications suivantes : Discours prononcé à la fête du 14 juillet : Ode sur la pacification de la Suisse et le 18 brumaire : Les Amours d'Héro et de Léandre, poème de Musée, traduit en vers français : id.

MOMENTS (Les trois) de la pensée humaine : III. 11. 176.

MONAVON. M. c. : II. 1. 244 ; m. r. : III. 5. XVII ; secrétaire-adjoint : III. 7 à 13. V ; m. du conseil d'administration : III. 19. V. — Deux épisodes de l'Enfer de Dante traduits en vers français (Françoise de Rimini et Ugolin) : III. 12. 274. — Eley, légende bretonne : III. 16. 472. — ' Jeunes fleurs, poésies : II. 1. 322. — La chanson de la brise : III. 17. 341. — Lamartine, esquisse littéraire : III. 6. 425. — Lamartine poète : III. 16. 144. — La sœur de charité, poème élégiaque : III. 13. 352. — Le vieux chêne : III. 13. 357. — " L'œuvre du rachat de la France, poésie : III. 8. XVII. — " Pièces de vers relatives au troisième centenaire de Pétrarque : III. 10. XVIII. — Souvenir du concours poétique ouvert par l'Académie de Mâcon à l'occasion de l'inauguration de la statue de Lamartine : III. 16. 434.

MONCEL (DU). — ' Des observations météorologiques, de leur utilité et de la manière dont il faut les faire : I. 4. 502.

' MONDE (Le) invisible : I. 3. 253.

MONERON (Antoine). Associé libre

de l'ancienne Académie delphinale : A. 30.

MONÉRON (Pierre). Associé libre de
l'ancienne Académie delphinale :
A. 30.

MONESTIER-DE-CLERMONT (Ordonnance du), pour l'exécution du
traité de Montluel : I. 2. 140.

MONIER DE LA SIZERANNE (comte).
M. c. : I. 1. 23. — ' Notice biographique : III. 17. XXV.

' MONNAYAGE (Le) en Savoie : III.
10. XXIX.

'' MON RÊVE, ou Voyage au temple
de Delphes : S. 2. 76.

'' MONS SELEUCUS (Dissertation sur
la position de la ville de) et sur
les causes de sa destruction : S.
2. 87.

MONT (DU). M. c. : I. 2. 839.

MONTANNEL. — Topographie militaire de la frontière des Alpes
(publiée par M. de Rochas d'Aiglun) : D. 3.

'' MONT-BLANC (Récit d'une promenade autour du) : III. 18. XVII.

MONTCHENU (Lettre inédite de Jouffrey de), communiquée par M. L.
Marchegay : II. 1. 137.

MONTÉLIMAR (L'arrondissement de)
avant l'histoire (âges de pierre et
de bronze) : III. 14. 3. — '' (Objets en pierre trouvés à), Gap et
Rémusat : III. 14. XIX.

MONTEYNARD (Charles de). M. r. :
I. 5. 31.

MONTEYNARD (marquis de). — ' Cartulaire de Domène : II. 1. 584.

' MONTFLEURY (Histoire du monastère de) : II. 1. 317.

MONTGOLFIER. M. c. : L. 3. 25.

MONTLUEL (Traité de), entre les
protestants et les catholiques : I.
2. 137.

MONTMARTIN (Gaspard-Allemand
de). Lettre à lui écrite par Henri
III, roi de France : III. 1. 195.

MONTMEYAN (DE). M. c. : I. 2. 95.
— ' 1° Des conférences philosophiques sur la religion ; 2° Des principes de stratégie et de topographie : I. 2. 95. — ' Dissertation
sur les différentes espèces de
philosophie : I. 2. 193.

' MONTPELLIER (Guy de) : III. 11.
XLII.

MONTPENSIER (Lettre du duc de)
au baron de Gordes, partageant la
lieutenance du Dauphiné entre lui
et M. de Maugiron : I. 1. 548.

MONT-VISO (Le) : III. 1. 118.

'' MONUMENT SOUTERRAIN (Dissertation sur un) existant à Grenoble : S. 2. 61.

MONUMENTS de l'archéologie et de
la littérature hébraïques (Étude
sur les) : III. 4. 95 ; — 5. 3. —
' de l'époque antéhistorique : III.
10. XXXV. — '' galants (Notice sur
les) qui nous restent des Grecs :
S. 2. 60.

MORALE (De l'autorité d'une) fondée
sur la raison : II. 1. 12.

MORALE (La) de Plaute dans le Rudens : III. 9. 128.

' MORALE SOCIALE (La), ou Devoirs
de l'État et des citoyens : I. 3.
131, 178.

'' MOREAU DE VÉRONNE (Éloge historique de M.) : S. 2. 58.

MORÉE (Voyage de la commission
scientifique en) : I. 2. 740 ; I. 4.
230, 281, 314, 447.

MORELLET (C.-V.). M. c. : I. 2. 845 ;
m. r. : II. 1. 405 ; m. du comité
de rédaction : III. 1. XXIV ; délégué pour représenter l'Académie
aux congrès des Sociétés savantes de 1865 : III. 1. XXVII, XXIX ;
id. au congrès scientifique de
Rouen : III. 1. XXXV. — De l'extinction de la mendicité et de
l'assistance des pauvres à domicile : III. 1. 147. — Du morcelle-

ment de la propriété en France :
II. 2. 22. — '' Projet de décentralisation intellectuelle : III. 1.
XXVII, XXVIII. — ' La Vérité : I.
2. 830. — Rapport sur les candidatures de MM. Ebrard et Ch. de
Lesseps au titre de membres correspondants : III. 1. 397 ; — '' 6. XV.

MORELLET (Vincent). M. c. : III. 4.
XVI. — Extrait d'une lettre de
Yokohama : III. 4. 3.

MORELOT. M. c. : S. 2. 33. —
'' Fables diverses : S. 2. 80. —
'' Idylle en prose, intitulée : Le
berger Amyntas : S. 2. 81. —
'' Idylle intitulée : La Fauvette :
S. 2. 80. — '' La plume et l'auteur, fable : S. 2. 81. — '' Le Pigeon, fable : S. 2. 80. — '' Les
deux rats, fable : S. 2. 81. —
'' Mémoire sur la découverte
d'une pommade manganésée, qui
sert de spécifique contre les maladies de la peau : S. 2. 80. —
'' Mémoire sur l'influence de l'espérance dans la curation des maladies : id. — '' Ode sur le retour
de la Paix et des Beaux-Arts, lue
à la fête du 14 juillet an X (imprimée) : S. 2. 81. — '' Publication d'un mémoire sur l'emploi
de l'oxyde de manganèse dans les
affections cutanées : id.

MORIN, avocat. M. r. : III. 20. VII.

MORIN (Henri). M. c. : III. 14. XVI.

MORIN-PONS. M. c. : II. 1. 514, 521.
— ' Numismatique féodale du
Dauphiné : II. 1. 518, 588.

' MORS (Un) de bride trouvé à La
Cheppe (Marne) : essai de déter-
mination d'époque et d'origine .
III. 19. XX.

'' MORT (La) de Sénèque, traduit
de Tacite, par M. Maurel : S. 2.
78.

MORTILLET (DE). M. c. : III. 15. XIX.

MORVEAU (Guiton de). Associé libre

de l'ancienne Académie delphinale : A. 29 ; II. 1. 360.

MOSELLE. — Académie de Metz
(compte rendu des Annales de l') :
I. 4. 496, 502, 507, 521, 530, 537 ;
I. 5. 202.

'' MOT (Le), origine de la raison :
III. 11. XX.

MOTTIER (Notice sur les églises de
Penol et du) : II. 1. 597 (fig.).

MOUAN. — ' Vie de Jacques de Gaufridi, président au Parlement
d'Aix : I. 4. 526.

MOUNIER. M. de l'ancienne Académie delphinale : A. 26 ; II. 1. 359 ;
m. c. de la Société des sciences
et arts : S. 2. 42. — '' Discours
prononcé lors de l'installation du
Lycée de Rennes : S. 2. 81.

MOUTIER (abbé). M. c. : III. 14.
XVIII. — ' Étude sur le patois de
Loriol : III. 13. 313.

MOUTON-FONTENILLE. M. c. : S. 1.
2. 36. — '' Discours d'ouverture
de son cours de botanique : S. 2.
81. — '' Publications envoyées à
la Société : id.

MOUTONS (Mémoire sur les moyens
de perfectionner l'espèce des) du
Dauphiné : M. 2. in fine (pagination distincte).

MOYDIEU (DE). V. La Bonnardière.

M'ROE. M. r. : III. 4. XVI ; m. c. :
III. 8. XX.

MUGNIER. M. r. : I. 1. 324.

MULET (Antoine), conseiller au Parlement de Dauphiné et président
du Parlement de Provence : III.
18. 101.

MUONI (Damiano). M. c. : III. 8. XIX.

MURE. Associé libre de l'ancienne
Académie delphinale : A. 29.

MUSÉE. — '' (Mémoire sur l'établissement d'un) à Grenoble. — Adresse
aux habitants du département de
l'Isère sur le même sujet : L. 3.
15, 16 ; S. 1. 57. — '' (Translation

du) dans l'ancienne église du collège : avantages de cette mesure : S. 2. 67. — (Le) archéologique de Beauvais : II. 3. 53. — archéologique de Grenoble. Historique[1] : 1. Rapport de M. A. du Boys sur l'inconvénient de laisser les pierres tombales de l'époque gallo-romaine déposées le long des murs du Lycée : nomination d'une commission : I. 5. 82. — 2. Proposition de M. Auzias : ibid. — 3. Réponse du maire à une lettre de l'Académie sur cet objet : I. 5. 96. — 4. Arrêté autorisant la fondation d'un musée archéologique dans le préau de l'église de Saint-Laurent : I. 5. 109. — 5. Lecture de M. de Gournay sur la création du musée archéologique : I. 5. 115. — 6. Difficultés avec la fabrique de l'église de Saint-Laurent : démission de M. de Gournay : II. 1. 146. — 7. Rapport de M. Gautier : décision de l'Académie : II. 1. 147, 221. — 8. Proposition de M. Macé tendant à améliorer l'installation du musée : suite donnée à cette proposition : II. 2. 8, 10, 11, 382. 383. — 9. Projet de création d'un musée épigraphique dans les bâtiments de la nouvelle bibliothèque. Démarches faites auprès de la Ville au nom de l'Académie. Rapport de M. Chaper : II. 3. 14. 16, 17, 18, 33. — " épigraphique de Gap (Visite au) : III. 16. XXI.

MUSIQUE ancienne (Recherches sur la) : III. 4. 138. ; III. 5. 321. — " (De l'influence de la) considérée physiologiquement : S. 2. 77. — " (La) et l'Opéra : III. 12. XVII. — " (Mémoire sur l'établissement d'une école de) à Grenoble : S. 2. 58. — " morale (Nécessité d'établir à Grenoble un enseignement de) : S. 2. 72. — " (Moralité de la) dans ses rapports avec l'éducation et les institutions nationales : id. — " (Nouvelle méthode d'écrire la) pour les compositeurs : id. — " (Observations sur quelques particularités de l'état actuel de la) en Italie : S. 2. 73. — " (Principes de la) : I. 1. 329. — " (Réflexions sur le plan d'établissement d'une école de) à Grenoble, proposé par M. Chalvet : S. 2. 73.

MUTELET, instituteur primaire. — Le château de Chonas : III. 17. 98.

" MYSTÈRE (Le) de Saint-Sébastien. III. 10. XXXI.

MYTHOLOGIE GAULOISE. V. " Allobroges, Vocontium.

N

NADAUD. M. r. : I. 1. 22 ; m. c. : I. 2. 539 ; décédé : III. 1. XXVII.

NANTUATES (Situation et limite) : II. 2. 397.

NAPLES (La campagne de) en l'an VII (ms. inédit du général Championnet) : III. 15. 3.

NAPOLÉON Iᵉʳ (Visite de la Cour

[1] Les documents relatifs au Musée archéologique de Grenoble sont classés par ordre chronologique.

de Grenoble à) à son retour de l'île d'Elbe : III. 1. 366.

" NARBONNAISE (Administration de la) et de la Viennoise sous la domination romaine : III. 12. xix.

NAXOS et les établissements latins de l'Archipel : III. 10. 81.

NÉCROLOGE de Saint-Robert-de-Cornillon, avec notice préliminaire et table : D. 2. 4e livraison. — (Un) grenoblois : III. 3. xvi. 3.

" NÈGRE (Le) et le Philanthrope. conte : I. 4. 223.

NÉRON ET LUCAIN, drame historique : I. 2. 463, 564, 704.

NICHET. M. c. : I. 1. 367. — ' Mémoires sur divers sujets de médecine ou de chirurgie : I. 1. 373.

NICOLAS. M. r. : I. 1. 21.

' NICOLAY (Œuvres inédites de Nicolas de), publiées par M. V. Advielle : III. 1. 280. — ' (Recherches sur la vie et les travaux de Nicolas de), dauphinois, par M. V. Advielle : III. 2. xxxi.

NICOLET (Victor). M. r. : III. 15. xvi.

NIEPCE (Léopold). — ' Des diverses fortifications de Châlons : I. 3. 267.

NIKLÈS. — ' Mémoires relatifs à l'agriculture : I. 1. 269.

NIOBEY (Le Dr) — ' Mémoire sur le choléra épidémique qui a régné en 1854 à Gy (Haute-Saône) : III. 1. 141.

" NIVELLEMENT (Du), ou de l'application du toisé des solides au calcul des terrasses : S. 2. 70.

" NOBILIAIRE du Dauphiné, ms. inédit de Nicolas Chorier (communiqué par M. E. Chaper) : III. 18. xxi.

" NOGAS (Las) de Sauselou Roubi, comédie en patois du Trièves : III. 13. xviii.

NODIER (Ch.) en linguistique : I. 1. 714.

NOEL. M. c. : I. 3. 28 : S. 2. 30. — Publications diverses envoyées par l'auteur à la Société : S. 2. 82.

' NOIRS (De l'émancipation des) dans les colonies : I. 5. 203.

NOM DAUPHINOIS (Discussion au sujet d'un) cité dans la charte de Jean de Bernin : III. 3. 318.

NOMBRES (Théorie des) : I. 3. 37.

" NOMS de famille (Origine et révolutions des) en Dauphiné : III. 12. xx. — " de lieux employés en Dauphiné. V. Termes géographiques. — " de lieux (Mémoire sur l'orthographe des) : III. 17. xxiv.

NORD. Société dunkerquoise (c. r. des mémoires de la) : I. 5. 204.

NORWÈGE. Université Frédéricienne (c. r. des publications de l') : III. 11. lxxii.

" NOTES élémentaires sur le Code civil. V. Code civil. — mathématiques : I. 4. 177. — ' pour servir à l'histoire de la maison de Vienne : I. 3. 282. — sur la propriété littéraire à Athènes : III. 3. 47.

' NOUVELLE FRANCE (La), roman politique : I. 1. 342.

NUMISMATIQUE : I. 1. 542; II. 1. 518, 588 ; — 3. 254, 315 ; III. 4. xx ; — 6. 87 ; — 15. xxii, 175 ; — — 16. 376 ; — 20. xxiii. — ' féodale du Dauphiné : II. 1. 518, 588.

O

OBJET SCIENTIFIQUE (Considérations générales sur l') : I. 3. 30.

OBJETS antiques découverts à Moirans : III. 1. 206, 267.

* OBLIGATION MORALE (Du fondement de l') : II. 1. 9, 12.

* OBSERVATIONS (Des) météorologiques, de leur utilité, et de la manière dont il faut les faire : I. 4. 502. — " microscopiques diverses : S. 2. 89.

OCELLATS (Les) : III. 20. 375.

OCTODURIENS : II. 2. 404.

" ODE à l'Être suprême : S. 2. 74. — " d'Anacréon, traduite en vers français : S. 2. 80. — " sur la guerre entre la France et l'Angleterre : S. 2. 75. — " sur l'anatomie : S. 2. 83. — " sur le retour de la Paix et des Beaux-Arts : S. 2. 81. — " sur le Temps : S. 2. 74.

ODOARDS (Fantin des). V. Fantin.

" ŒUVRE (L') du rachat de la France, poésie : III. 8. XVII.

OFFICIALITÉ (Une) au moyen âge : III. 3. 16.

* OISANS (Essai descriptif de l') : I. 5. 172. — (La voie romaine de l') : III. 13. XVI. XVIII. 263. — " (Observations sur l'histoire naturelle, la situation, etc., des montagnes de l') : S. 2. 71.

OISE. Athénée du Beauvaisis (c. r. des travaux de l') : I. 2. 358, 723, 770.

OLLIVAINT. M. r. : I. 1. 22.

OLIVET, premier rédacteur du Livre du Roi de Briançon : I. 1. 410. — Lettre aux consuls d'Oulx et de Cézanne : I. 1. 676.

OLLIVIER (Dr). M. c. : III. 14. XIX.

OLLIVIER (Jules). M. r. : I. 1. 21. — * Mélanges biographiques et bibliographiques relatifs à l'histoire littéraire du Dauphiné : I. 4. 118.

OLLIVIER (Xavier). M. c. : III. 14. XIX.

ONOFRIO. M. c. : II. 2. 14. — * Introduction à l'Essai d'un glossaire des patois de Lyonnais, Forez et Beaujolais, et Spécimen de ce glossaire : II. 2. 363. — * Essai d'un glossaire des patois de Lyonnais, Forez et Beaujolais : II. 3. 318.

OPPIDUM (Un) gaulois retrouvé : II. 2. 662. (fig.).

ORAGE (Un) dans les Alpes briançonnaises : II. 1. 414.

ORAISONS pour la délivrance de Jeanne d'Arc : III. 3. 7.

" ORGANISATION (De l') militaire des Romains et des médailles légionnaires, par M. J. Roman : III. 4. XX.

ORGEVAL-DUBOUCHET (D'). V. Dorgeval.

ORGEVAL-DUBOUCHET (Mme d'). M. c. : III. 17. XXIV.

" ORIGINES (Les) de la réforme à Grenoble : Pierre de Sébiville : III. 18. XIX.

" ORLÉANS (Mémoire historique sur Charles d') : S. 2. 59.

" ORLÉANS (Poésies de Charles d'), précédées d'un mémoire sur la vie de ce prince : S. 2. 59.

ORNACIEU (Le marquisat d') et sa destruction en 1789 : III. 18. 138.

' ORTHOPÉDIE (Mémoires sur l') : I. 1. 142.

OUTREMONT (D'). — ' Des dangers des banques agricoles : I. 4. 498.

OVIDE. M. r. : L. 3. 23.

P

PACT (Découvertes archéologiques faites à) : III. 20. XVIII, XIX, 375 (fig.).

PAGÈS. M. r. : II. 1. 10 ; trésorier : III. 4. V, XXV ; III. 5 à 16. V.

PAIX (Des diverses espèces de) chez les Germains : I. 2. 539.

** PANORAMOGRAPHE (Description d'un), ou instrument inventé pour dessiner graphiquement des perspectives : S. 2. 58. — ** (Rapport sur le) de M. Chaix, et sur un instrument du même genre, nommé le *Pantographe,* inventé par M. de Tournadre : S. 2. 65.

" PANTOGRAPHE (Le) : S. 2. 87.

" PAPIER (Premier essai de fabrication du) avec des écorces d'arbres et autres matières ligneuses, par Léorier de Lisle, papetier à Montargis : III. 18. XVII.

PAQUET (Victor). — ' Éloge de L.-J. Pirolle, horticulteur : I. 4. 496.

PARA (ou Parat). M. c. : L. 3. 28 ; S. 1, 2. 31.

' PARADOXES scientifiques : I. 4. 501.

** PARASITES (Les) en Grèce et à Rome : III. 13. XIX, XX.

PARATONNERRE (Du) : S. 2. 72.

PARIS. V. Seine.

PARIS (M.). — Signale à l'Académie divers documents relatifs à Lesdiguières : III. 2. XXVII.

PARISOT. M. r. : I. 3. 7 ; I. 4. 3. —

A propos du mémoire d'Henri Lawes Long, sur la marche d'Annibal du Rhône aux Alpes : I. 5. 97. — " Étude sur l'origine de la chanson de Marlborough : I. 5. 128. — ' Examen critique et comparatif des Mémoires de l'empereur Cantacuzène : I. 2. 677. — *Noli, miles, urere Pindari domum,* ode en vers latins : I. 4. 263. — Rapports : I. 3. 64, 80, 752. — Spécimen d'une traduction complète du Râmâyana : I. 3. 362. 612 : I. 4. 26.

PARLEMENT. — (Antoine de Govéa fut-il conseiller au) de Grenoble ? III. 1. 77. — (Arrêt du) de Grenoble contre les protestants : I. 1. 483, 484. — (Id.) id. sur la discipline ecclésiastique : I. 2. 151. — (Id.) id. sur le recel et l'exportation des grains : I. 2. 308. — (Id.) id. sur l'exécution de l'édit de pacification (1585) : I. 2. 311. — (Id.) de Paris reconnaissant Henri IV comme souverain légitime : I. 1. 217. — ' (Chambre de l'édit du) de Grenoble : essai historique : III. 10. XXV. — (Chambre des Comptes du) de Grenoble : notice sur ses archives : III. 4. 72. — (Loi et l'arrêt du 13 février 1637 : III. 2. 3. — ' Négociations relatives au rappel

du en 1764 : III. 9. 78. — (Ordonnance du) fixant le prix
des perdrix et des lapins en 1472 :
I. 2. 274. — ' (Recherches sur les
origines du) : II. 1. 586. — (Réforme du) en 1771 ; son rétablissement en 1775 : I. 3. 541 ;
III. 17. 90. — (Relation de ce qui
s'est passé au) lors de l'ouverture
du testament de Louis XIV : I. 3.
540. — (Sur la prérogative du
commandement dans la province
de Dauphiné attribuée à la présidence du) en l'absence du gouverneur et du lieutenant général :
III. 6. 3. — (Un chanoine devant
le) : III. 3. 58. — (Un épisode de
l'histoire du) : conflit avec le
lieutenant général, M. de Chastellier-Dumesnil : I. 3. 587.
'' PARLEMENTS (Réforme des) par
le chancelier Maupeou. V. Maupeou.
' PARMÉNIE et ses vicissitudes : I.
5. 221.
'' PARURE (La) au temps jadis : III.
2. XXI.
' PASCAL (Études sur) : I. 2. 354.
PAS-DE-CALAIS. Société des anti-
quaires de la Morinie (c. r. des
travaux de la) : II. 1. 591 ; III. 1.
273.
PASQUIER. — ' Notice statistique
et historique sur la commune de
Douillet : III. 10. LXVIII.
PASTEUR (Les découvertes de M.) :
III. 17. 275.
'' PASTOR FIDO, acte II. sc. 5, et
acte III. sc. 4 : trad. en vers
français : S. 2. 71.
' PATOIS (Étude sur le) de la Mure
et de la Matheysine : III. 13. 312.
— de l'Isère. V. Anthologie nouvelle. — ' de Loriol (Étude sur
le) : III. 13. 313. — ' de Saint-
Maurice-l'Exil, canton de Roussillon : III. 13. 313. — ' de Lyonnais, Forez et Beaujolais (Essai
d'un glossaire des) : introduction
et spécimen : II. 2. 363. — ' Id. :
ouvrage définitif : II. 3. 318.
PATRAS (Annonce d'une notice sur
Abraham), par M. V. Advielle :
II. 3. 256.
' PATRONAGE (Du) des condamnés
libérés, par M. de Saint-Vincent :
I. 5. 202. — ' (Du) des jeunes libérés, par M. J. de Robernier : III.
2. 195.
PATRU. M. r. : I. 1. 22 ; m. du conseil d'administration, puis du comité de rédaction : II. 1. 147, 241,
513, 521 ; III. 1. XXIV ; — 4. XXV ;
— 7. VII ; — 8. V. — Analyse du
traité de l'art d'écrire de Condillac : III. 3. 147. — Condition
de la vie pour l'homme sur la
terre : III. 12. 163. — De l'influence exercée par Condillac
dans la philosophie et les lettres,
et de celle qu'il peut encore exer-
cer aujourd'hui : III. 2. XXI, 135.
— Esprit et méthode de Bacon en
philosophie : I. 4. 330. — Étude
sur le système philosophique de
Descartes : I. 5. 210. — '' Idée de
la science et de la méthode scientifique, d'après Descartes : I. 4.
222. — La liberté d'enseignement
à Athènes et à Rome : III. 6.
XVII. — Rapports : I. 4. 102, 280 ;
'' III. 2. XX. — Science et méthode : III. 13. 29.
PATURAL. M. r. : S. 1. 24.
PAULIN (Notice sur le capitaine,
baron de la Garde : I. 5. 142.
PAULINIER (Mgr). M. r. : III. 8. XVI.
— ' Guy de Montpellier, fondateur de l'ordre du Saint-Esprit :
III. 11. XLII. — ' Notice littéraire
sur l'abbé Martin, d'Agde : III.
11. XXXI. — ' Saint Benoît d'A-
niane et la fondation du monastère de ce nom : III. 11. XXXVIII.

PAUPÉRISME (Mémoire sur le), par M. Imbert-Desgranges : I. 1. 600. — (Id.), par M. Rey : I. 4. 581. 614. — * (Id.) et les moyens d'y remédier, par M. de Saint-Vincent : I. 4. 507.

* PAUVRES (La défense des) devant les tribunaux : I. 2. 336.

** PAUVRETÉ (La), fable : S. 2. 82.

PAYAN-DUMOULIN. M. c. : III. 3. XVIII.

** PEINTURE (De l'avenir de la) : S. 2 62.— " (De la préparation et de l'emploi des couleurs pour la) : id. — " (Des procédés de la) au lait, découverte par M. Cadet de Vaux : S. 2. 73. — " (Influence de la) sur les arts d'industrie commerciale : S. 2. 62, 84.

PEINTURES MURALES de la tour des Loives, près Roybon : III. 2. XXIII. — * de l'église de Saint-Vincent de Mâcon : I. 3. 278.

PELLAT. M. c. : I. 4. 23. — * Traduction de l'Encyclopédie juridique de Falk : I. 4. 226.

PELLENC. M. r. : I. 4. 20.

PELLET (abbé). M. r. : III. 19. XXI. — Pie VII en Dauphiné en 1804 et 1809 : III. 19. 18.

* PELVOUX (Excursion autour du) : III. 19. XXIII.

PENOL (Notice sur les églises de) et du Mottier (fig.) : II. 4. 597.

PENSÉE (De la) : III. 14. 157.

PEQUEGNOT (abbé). — * Notice historique sur la commune de Bully : I. 3. 278.

PERIER (Augustin). — ** Notice sur le commerce et l'industrie dans l'ancien Dauphiné (communiquée par M. Chaper) : III. 15. XIX.

PERIER (Ennemond). — M. r. : III. 12. XXI. — Essai historique sur l'emplacement du couvent des Jacobins et la place Grenette : III. 13. 10.

PERIER (Eugène). M. r. : I. 1. 20.

PERIER (Scipion). M. r. : I. 3. 24 ; m. du comité : S. 1. 42 ; m. c. : S. 1. 35.

** PERIER (Notice sur Aymar du), seigneur de Chamaloc, conseiller au Parlement de Grenoble : III. 16. XVIII.

* PÉRIODES GÉOLOGIQUES (De la succession des), ou Histoire du monde : III. 10. XLIV.

* PERPIGNAN (Coutumes inédites de) : I. 3. 295.

PERRARD. M. de la Société littéraire : II. 1. 342.

PERRETON. M. de l'ancienne Académie delphinale : II. 4. 342 ; m. ordinaire du Lycée : S. 1. 22 ; trésorier : S. 2. 46 ; m. c. : S. 2. 40. — " La pauvreté, fable : S. 2. 82. — " La Violette, le Souci et le Jardinier, fable : id. — " Le Bœuf, le Singe et le Renard, fable : id. — " Loisirs, ou Choix de pièces fugitives (imp. à Grenoble, Cadou et David) : id. — " Rapport sur une proposition de M. Mauclerc, d'ouvrir un concours pour la résolution de diverses questions relatives au Code pénal : id.

PERRIER (J.-B.). M. c. : S. 2. 38. — " Mémoire sur l'éducation physique et morale des enfants : S. 2. 83. 93.

PERRIN (André). — * Le monnayage en Savoie : III. 10. XXIX.

PERRIN. — " Étude critique des doctrines médicales régnantes, et de la valeur de la statistique appliquée à la médecine : III. 10. XVI.

PERRON (Lettre du notaire) au vibailly et au procureur du Roy de Briançon : I. 4. 214, 696.

PERROSSIER (abbé). M. c. : III. 4. XI. — " Notice bio-bibliographi-

que sur M. le chanoine Jouve : III. 8. XIX. — " Notice sur le clocher de Saint-Donat : III. 4. XVIII.

PERSES (Des) et des Grecs, ou Despotisme et liberté, d'après Hérodote : II. 1. 680.

' PESTE (Mémoire sur la) : I. 1. 205.

PETIT (Auguste), président à la Cour d'appel de Grenoble. M. r. : II. 1. 514, 521 ; m. du conseil d'administration : II. 2. 379 ; III. 3. XXVII ; — 14, 15, 17, 18. v ; vice-président : III. 4. XXV : — 8. v ; président : III. 9. v : — 12. v. — Allocutions : III. 10. 3, 388 ; — 13. 3. — Louis Bertrand : souvenirs de Dijon : III. 1. 283. — Propose une modification au règlement au sujet des élections : II. 3. 186. — Rapport sur un ouvrage de M. Poncet, intitulé : Pie VI à Valence : III. 8. 148. — Réponse à la lecture de réception de M. Perier (Emmemond) : III. 13. 25.

PETIT, médecin à Lyon. M. c. : L. 3. 28 ; S. 1. 2. 31. — " Épître à la montre de Julie : S. 2. 83. — " Épître sur la confiance : id. — " Essai sur la médecine du cœur : id. — " Ode sur l'anatomie : id.

" PÉTRARQUE (Pièces de vers sur le troisième centenaire de) : III. 10. XVIII.

' PFEFFEL (Quelques mots sur) : I. 3. 90. — (Fables de), traduites par M. Lehr : id. 91.

" PHARMACIE (Dictionnaire de) de M. Rivet : S. 2. 68.

" PHILIPPE (frère, élève de Jean Bazeillac, dit frère Côme, inventeur de la lithotritie : notice biographique : III. 7. XXVIII.

PHILIS DE LA CHARCE. V. Charce.

' PHILOSOPHIE cartésienne (Histoire de la) : I. 5. 180. — ' Coup d'œil sur la) et les lettres au XVIIIe siècle : I. 1. 197. — ' (Des diverses espèces de) : I. 2. 193. — (Du rôle et de l'avenir de la) dans les sociétés modernes : III. 9. 190. — ' (Histoire de la) : I. 3. 503. — (Sur la) du Dictionnaire de médecine de MM. Littré et Robin : III. 8. 182. — (Un mot de) médicale : III. 10. 338.

PHOTOGRAPHIE (Art et) : III, 3. 308.

" PHOTOPHORE (Description d'un), ou lampe paraboloïde : S. 2. 50.

PHRÉNOLOGIE (De la) : I. 1. 310.

PHYSIQUE (Découvertes récentes en) : rapport, par M. Bournat : I. 2. 57.

PIAGET. M. r. : III. 16. XIX ; m. du conseil d'administration : III. 17. XXIII ; trésorier : III. 17. v, XXIII ; — 18, 19, 20. v. — Le Décanat de Savoie : III. 17. 67. — Saint Paul à Athènes : III. 19. 235.

PIAT-DESVIAL. M. de l'ancienne Académie delphinale : A. 27 ; II. 1. 342, 359.

PIAT-LONGCHAMP-DUPRÉ. M. r. : I. 1. 10.

PICOT. M. r. : I. 1. 21.

PICOT-LAPÉROUSE. M. c. : L. 3. 28 ; S. 1. 2. 30.

PICTET. Associé libre de l'ancienne Académie delphinale : A. 30 ; II. 1. 360.

' PIE VI à Valence : III. 8. 148.

PIE VII en Dauphiné en 1804 et 1809 : III. 19. 18.

PIERRON. — ' Histoire de la littérature grecque : I. 3. 737.

" PIGEON (Le), fable : S. 2. 80.

PILLET. M. c. : II. 2. 14. — ' Étude sur l'administration de la justice civile et commerciale en Savoie de 1838 à 1848 : I. 5. 200.

PILOT [de Thorey]. M. r. : I. 1. 21. — Notice sur les antiquités de

l'arrondissement de Grenoble : I.
4. 62. — " Entrée et séjour de
Charles VIII à Vienne en 1490 :
I. 4. 222.

PINA (DE), ancien maire de Grenoble : I. 4. 23.

PINA (Charles de). M. r. : I. 4. 22 ;
m. c. : I. 2. 107.

PINA (Emmanuel de). M. r. : I. 2.
107. — * Souvenirs des dernières
expéditions russes contre les Circassiens : I. 2. 107.

PINA DE SAINT-DIDIER (DE). M. de
l'ancienne Académie delphinale :
A. 27.

PIOLLET. M. r. : III. 18. XIX.

PION. M. r. : III. 16. XXIII. — Condillac et sa philosophie : III. 17.
13. — " Du rôle des différents
sens dans les acquisitions des
sciences : III. 17. XXIV. — Le
marquisat d'Ornacieu et sa destruction en 1789 : III. 18. 138.

' PIROLLE (Éloge de Joseph), horticulteur : I. 4. 496.

PISON-DU-GALAND. M. r. : S. 1. 24.

PITT. M. c. : S. 1, 2. 34.

" PLAISIRS (Les) de la campagne,
poésie : S. 2. 64.

PLAN DE L'ÉGUILLE. — " (Dissertation sur un ancien monument
de Vienne connu sous le nom
de) : S. 2. 85.

PLANA aîné. M. r. : S. 1. 24 ; S. 2.
22.

PLANCHES. V. la table spéciale des
planches, à la suite de la présente.

" PLANÉTAIRE (Démonstration d'une
nouvelle espèce de) : S. 2. 66.

* PLANÈTES (Considérations sur les
petites), par M. Leverrier : I. 5.
122.

PLANTA. M. c. : L. 3. 25 ; S. 1, 2. 27.

PLANTA (Bernard-Henri-Sébastien
Falquet de), fils du précédent.
M. c. : L. 3. 27 ; m. r., puis
de nouveau m. c. : . . . 4. 29 ; S.
2. 30 ; enfin m. r. en 1836 : I. 4.
49. — Biographie, ou Notice historique, par M. A. du Boys : II.
2. 30.

** PLANTES (Mémoire sur les), considérées par rapport à l'agriculture : S. 2. 71. — " (Traité des
vertus des), ms. inédit de M. de
Jussieu : II. 3. 256.

PLAQUES de bride muletière (Recherches sur des) au XVIIe siècle :
III. 17. 102 (fig.).

" PLATRE (De l'emploi du) en Valbonnais pour faire des aires à
battre le grain : S. 2. 60. — " (Mémoires sur le) considéré comme
engrais : S. 2. 54. 67. — " (Observations sur l'emploi du) dans
la culture du sainfoin, et sur la
possibilité de cultiver la vigne
dans quelques-uns des cantons de
l'Isère, appelés *terres froides* : S.
2. 71.

PLAUTE (Étude sur le Rudens, de) :
III. 9. 128.

PLÉLO (Le comte de) et le général
Lamotte de Lapeyrouse : III. 13.
246.

" PLUME (La) et l'auteur, fable :
S. 2. 60.

" PLUTARQUE (Notice sur la vie et
les ouvrages de) : S. 2. 54.

POÉSIE (La), les principaux poètes,
et leur influence sur les sociétés
dans les différents âges : III. 4.
58. — " (Essai sur la) didactique :
S. 2. 64. — (La) française au XIXe
siècle (extr.) : I. 3. 94. — latine
sur le mot d'Alexandre : *Noli,
miles, urere Pindari domum* : I.
4. 263.

POÈTES épiques français (Étude sur
les principaux) aux XVIe et XVIIe
siècles : II. 4. 66, 87.

" POIDS ET MESURES (Rapport des)
de Piémont avec ceux de France :

S. 2. 58. — " (Tableau de réduction des anciens) de l'Isère en poids et mesures nouveaux : S. 2. 61.

POINT, M. c. : L. 3. 29 : S. 1. 2. 32. — Fait hommage à la Société de quatre gravures exécutées sur ses dessins : S. 2. 83.

' POISIEU (Le tombeau d'Étienne de) : 1. 1. 650.

" POISONS (Traité des), par Fontana (extr.) : S. 2. 88.

' POITOU (Histoire du) : 1. 1. 542.

" POLICE (De la) au temps des Dauphins : S. 2. 53.

POLLIN (J.-B.), M. c. : L. 3. 25 : S. 1. 2. 27. — " La cascade de Pelletière, idylle : S. 2. 83. — " Polydore, roman politique : id. — " Publications : Le hameau de l'Agnelas, suivi de plusieurs idylles : id.

" POLYDORE, roman politique : S. 2. 83.

POLYPTICHA. V. Pouillés.

" POMMADE manganésée (Découverte d'une qui sert de remède dans les maladies de la peau : S. 2. 80.

POMMES DE TERRE (La maladie des) : 1. 2. 697.

POMPE A FEU (De la construction d'une) : S. 2. 55.

PONCET, M. c. : III. 8. XIX. — ' Pie VI à Valence : III. 8. 148.

' PONS (Étude biographique sur Bonne de.., marquise d'Hendicourt : III. 11. XLVII.

PONSARD, M. c. : 1. 1. 409 : décédé : III. 3. XXVII. — ' Agnès de Méranie : 1. 2. 587. — ' Lucrèce, tragédie : 1. 1. 458. — Troisième acte de Charlotte Corday, d'après un ms. inédit appartenant à M. E. Chaper : III. 16. 69.

PONTCHABRA (Récit de la bataille de), en 1591 : 1. 1. 705.

PONTCHARRA, près la Mure (Hôpital de), donné à l'abbaye des Ayes par le dauphin Guigues VII : III. 2. 431.

PONTE (D..), M. c. : III. 16. XX.

PONTIER, M. c. : S. 1. 33 : S. 2. 34. — " Mémoire sur la houille ou charbon de terre : S. 2. 84. — " Mémoire sur le dépérissement de nos forêts et sur les moyens d'y remédier : id. — " Mémoire sur la chaux sulfatée quartzifère : id. — " Mémoire sur le silex pyromaque de Vaucluse, et sur la manière dont on le taille pour en faire des pierres à fusil : id.

POPOCATEPELT (Une ascension au) : III. 13. 237.

" POPULATION (Mémoire sur les progrès de la) en France, et en particulier à Grenoble pendant la Révolution : S. 3. 52. — " de la France (Recherches sur la) : S. 2. 51.

PORNIN. — ' Étude historique et littéraire sur Ronsard, à l'occasion de l'inauguration de sa statue à Vendôme : III. 10. LXXII.

" PORTRAITS de Mably, Condillac, Vaucanson et Valbonnais (Observations sur les), peints par M. Le Camus : S. 2. 62.

PORT-SAÏD (D'Athribis à) : III. 2. 321.

' PORTUS ITIUS (Mémoire sur l'emplacement du) de César : III. 1. 273.

POUILLÉS des diocèses de Vienne, Valence, Die et Grenoble : D. 2. 7e livraison.

" POULES (Les deux), fable : 1. 4. 530.

PRA (abbé), M. r. : III. 7. XVI.

PRAVAZ. — ' Divers mémoires médicaux, notamment sur l'orthopédie : 1. 1. 440.

PRÉFETS DU PRÉTOIRE (Jugements des) et des gouverneurs de provinces : 1. 2. 365.

PRÉJUGÉS en fait de littérature et d'art : II. 1. 43.

' PRESCRIPTION (Mémoire sur la durée et la suspension de la) : I. 1. 672.

PRÉVOST. M. c. : I. 1. 23.

PRIÉ. M. de l'ancienne Académie delphinale : A. 25 ; II. 1. 339 ; m. r. : L. 3. 22 ; S. 1. 20 : S. 2. 18 : trésorier : S. 1. 41 ; S. 2. 46.

PRIX PROPOSÉS par l'Académie. V. Académie delphinale, Concours. — par le Comité des travaux historiques : II. 3. 23.

PRIX DE VERTU (Proposition d'un candidat pour le, délibération de la Société, et lettre à l'Académie française : I. 2. 101, 115, 116, 117.

" PROCÉDÉS économiques de Rumford : S. 2. 89.

PROCÉDURE INQUISITORIALE (De la) : I. 3. 96.

' PROCÈS (Deux) criminels au moyen âge : III. 11. LI.

PROFESSEUR (Le), étude de mœurs : I. 3. 188.

PROFIL DES ROUTES (Mémoire sur le) : I. 1. 401.

PROGRÈS (L'humanité et le) : I. 4. 363. — (Réflexions sur le) : I. 4. 478. — des sciences archéologiques et historiques en France : I. 2. 11. — du droit et de la jurisprudence, par M. Gautier : I. 1. 626. 636. — et histoire du droit et de la jurisprudence. par M. F. Taulier : I. 1. 50.

' PROJECTIONS (Application de la méthode des) à la recherche de certaines propriétés géométriques : I. 1. 111.

" PRONONCIATION (Mémoire sur la) du vieux français : III. 2. XIX.

' PROPRIÉTÉ (Histoire de la, du domaine public et des lois agraires chez les Romains : I. 4. 195. — foncière (Étude sur le morcellement de la) en France : II. 2. 22.

— littéraire (La) à Athènes : III. 3. 47.

PROTESTANTS (Assemblée des) à Die en 1579 : discours de Lesdiguières : I. 1. 615. — " (Les) dans le Briançonnais : III. 8. XVIII, XIX. — (Traité entre les catholiques et les), lors du passage de Catherine de Médicis à Grenoble. en 1579 : I. 1. 664.

PRUDHOMME. M. r. : III. 16. XIX ; secrétaire perpétuel : III. 18. V. XIX ; — 19, 20. v. — " Communication d'un rapport de M. Ricard, préfet de l'Isère, sur les établissements d'instruction publique existant avant 1790 en Dauphiné : III. 18. XXI. — Le Trésor de Saint-Pierre de Vienne : III. 19. 119 (fig.). — Les Juifs en Dauphiné aux XIVe et XVe siècles : III. 17. 129, 212. — " Les origines de la réforme à Grenoble : Pierre de Sébiville : III. 18. XIX. — Mémoire historique sur la partie du comté de Valentinois située sur la rive droite du Rhône : III. 20. 260.

" PRUDHOMMES PÊCHEURS (De la juridiction des) de la Méditerranée : II. 1. 360.

PRUMELLE DE LIERRE. M. de l'ancienne Académie delphinale : A. 26 ; II. 1. 359 ; m. ordinaire du Lycée : L. 3. 26 ; S. 1. 2. 28.

' PRUNIER DE SAINT-ANDRÉ (Vie d'Artus) : III. 13. 319.

" PSAUME : In exitu Israël (Traduction du) : I. 4. 518.

PUBLICUS CALISTUS (Inscription de, à Die : III. 42. 119.

PTECH. — 'L'homme et ses origines, d'après le système de Darwin : III. 11. LII.

PYRÉNÉES (Basses-). Société des sciences, lettres et arts de Pau (c.

r. des travaux de la) : III. 10. LIX.

PYRÉNÉES - ORIENTALES. Société agricole. littéraire et scientifique de Perpignan (c. r. des travaux de la) : I. 2. 692 ; II. 1. 56 ; III. 11. LXX.

" PYRÉNÉES (Mémoire sur les eaux minérales et les établissements thermaux des) : S. 2. 76.

Q

QUATRE-VALLÉES (Coup d'œil historique sur les), au pays d'Armagnac (Aure, Neste, Magnoac et Barousse) : III. 15. 256.

QUELLE LANGUE possède le plus de titres à l'universalité ? I. 2. 26 ; I. 3. 58. 307.

QUESTION bibliographique : une lettre de M. Brunet, auteur du Manuel du libraire : II. 3. 247.

QUET. M. r. : II. 1. 244 ; président : II. 1. 245 ; vice-président : II. 1. 104.

" QUEYRAS (Excursion archéologique dans la vallée du) : III. 16. XXII.

QUINON. M. r. : I. 1. 22 ; m. c. : II. 1. 9. — Rapports : I. 1. 266, 296, 365, 463 ; I. 2. 528.

QUINSONNAS (Joseph Pourroy de l'Auberivière, comte de), ancien président au Parlement de Dauphiné. M. de l'ancienne Académie delphinale : II. 1. 341.

QUINSONNAS (le comte Emmanuel de). M. c. : II. 2. 378, 385. — ' Guide historique et pittoresque du voyageur en chemin de fer : promenades dans l'Ain, par un Dauphinois : II. 3. 86. — ' Les embellissements d'Aix-les-Bains, par un baigneur indécoré, et membre d'aucune société savante : II. 3. 93. — ' Matériaux pour servir à l'histoire de Marguerite d'Autriche, duchesse de Savoie, régente des Pays-Bas : II. 3. 98.

QUINTUS FABIUS MAXIMUS (Le trophée de) : II. 3. 213 (fig.)

R

" RABOT (Relation en style burlesque d'une prise du fort) : ms. anonyme, communiqué par M. Chaper : III. 16. XVIII.

RABY, dit l'Américain. M. de la Société littéraire : II. 1. 357.

RACES HUMAINES (Des caractères physiques et moraux des différentes) : I. 1. 50.

RACINES HÉBRAÏQUES (Étude philologique sur quelques) : III. 8. 169.

RACINES INCOMMENSURABLES (Recherche des, dans les équations numériques : I. 1. 563.

RADULPH DE GOURNAY (DE). M. r. :
I. 2. 32 ; m. du conseil d'administration : I. 3. 351 ; I. 4. 1, 303 ;
II. 1. 147, 241. — Crypte de Saint-
Laurent (Lettre à l'Académie et
rapport réclamant la restauration
de la) : I. 2. 98, 120. — Id. (Nouveaux documents sur la) : I. 5.
112. — Id. (Rapport sur les travaux de déblaiement de la) : I. 2.
460. — De la création d'un musée
archéologique à Grenoble : I. 5.
115. — Découverte de la partie
inférieure de la figure de saint
Thibaut, archevêque de Vienne,
sur le mur en saillie de la ro-
tonde de l'église de Saint-Laurent : II. 1. 224. — Dissertation
sur l'effigie incrustée à l'extérieur du pourtour de l'abside de
l'église de Saint-Laurent : II. 1.
216. — Mémoire sur la découverte du temple de Jupiter Olympien, à Olympie : I. 2. 242. —
* Notice sur Sainte-Marie-d'en-
Haut : I. 5. 136, 137, 140. — Rapports : I. 2. 677 : I. 3. 14, 266. —
Voyage en Morée comme mem-
bre de la commission scientifique : I. 2. 740 : I. 4. 230, 281,
314, 447.

RAHOULT (Diodore) et son œuvre :
III. 10. 10.

RAILLON (Mgr). étude biographique :
III. 11. 6.

RAMAYANA : traduction française :
I. 3. 362, 612 : — 4. 26.

RAME (Lettre des sieurs Delfeorme
et) aux consuls de Briançon : I.
1. 680.

** RATON (Notice biographique sur
Jacques) : III. 12. XXII.

** RATS (Les deux), fable : S. 2. 80.
— ** (Id.) pris à la souricière, apologue : S. 2. 71.

RAVENNE (Documents relatifs à la
bataille de) : I. 2. 845.

RAVERAT (le baron). M. c. : III. 6. XV.

RAYMOND. — * Mémoire sur les
causes du dépérissement des bois
en Dauphiné : M. 1. 165 (in-4° :
1. 120).

RAYS (abbé). M. de l'ancienne Académie delphinale : A. 25 ; II. 1.
333, 342.

READ. — * Henri IV et le ministre
Daniel Chamier, d'après un journal inédit du voyage de ce dernier à la Cour en 1607 : II. 1. 397.

RÉAL (André). M. r. : L. 3. 23 : S.
1. 21 ; S. 2. 49 ; président : S. 1.
39 ; m. du comité : S. 1. 42. —
Rapport : S. 2. 84.

RÉAL (Félix), député de l'Isère. M.
r., puis m. c. : I. 1. 23. — Essai
biographique sur Hugues de
Lionne : II. 1. 104.

RÉAL (Gustave). M. r. : I. 3. 30 :
délégué pour représenter l'Académie aux deux congrès des Sociétés savantes de 1865 : III. 1.
XXVII, XXIX. — Fait hommage à
l'Académie d'un portrait d'Hugues de Lionne : I. 2. 173. —
Rapport : I. 3. 351.

REBAUTEAU (Lettre du sieur), commandant à Lyon, aux membres
du Conseil delphinal, au sujet de
la bataille de Patay (1429) : I. 2.
459.

* REBOISEMENT (Observations sur
la nécessité du) dans les Bouches-du-Rhône : I. 4. 498. —
* (Rapport de M. Blanqui sur le)
et le regazonnement des Alpes :
I. 1. 377. — des montagnes (Sur
la nécessité du), par M. le dr
Companyo : I. 2. 694. — V. encore : M. 1. 29 et ss : in-4° : 1.
22 et ss.

REBOUD. M. c. : III. 2. XXXVII.

* RECHERCHES géologico-archéolo-
giques, par M. Cazalis de Fondouce : III. 11. LVIII. — * histori-

ques. généalogiques et bibliographiques sur les Elsevier : I. 3. 572. — ·· paléo-ethnologiques, par M. E. Chantre ; III. 5. XV. — sur des plaques de bride muletière au XVIIe siècle : III. 17. 102 , (fig.). — sur la date et l'origine d'une lame d'épée trouvée à Renage : III. 18. 163. — ·· sur la population de la France : S. 2. 51.

RÉFLEXIONS sur les excès commis pendant les guerres de religion : un autographe du baron des Adrets : une lettre inédite de Henri III : III. 1. 178.

· RÉFORME (La) et les guerres de religion en Dauphiné, par M. J.-P. Long : II. 1. 63. — ·· (Les origines de la) à Grenoble : Pierre de Sébiville : III. 18. XIX.

RÉFORME (Projet d'une) dans les études classiques : III. 8. 107.

RÉFORMES (Les) scolaires à Athènes : III. 16. 149.

RÉFORMÉS. V. Protestants.

RÈGLEMENT. V. Académie delphinale.

RÈGNE (Les de l'esprit : III. 12. 260.

REGNIER (Étude sur les satires de) : II. 1. 27.

· RÉHABILITATION (De la) des condamnés : I. 5. 190.

REINAUD, membre de l'Institut. M. c. : I. 4. 222.

·· RELIGION (La), ode : S. 2. 75. — ·· (La) triomphante du fanatisme et de l'impiété, ode : id.

· RÉMUSAT (Objets en pierre trouvés à Gap, et Montélimar : III. 14. XIX.

RENAGE (Recherches sur la date et l'origine d'une lame d'épée trouvée à : III. 18. 163.

RENARD de la Gardette. V. Reynaud.

RENAULDON (Charles. M. r. : S. 1. 24 : S. 2. 21.

RENAULDON (Jean-Baptiste). M. de l'ancienne Académie delphinale : A. 25 ; II. 1. 340.

RENTE (Théorie de la) et des harmonies économiques : III. 6. 92.

RENTRÉE (De la) des cours de justice : I. 1. 282.

· RÉORGANISATION SOCIALE (Projet de) : I. 1. 85.

RÉPERTOIRE ARCHÉOLOGIQUE (Coopération de la Société au) de France : II. 1. 521, 522 ; — 2. 13, 14.

·· RESPIRATION (De la) et de l'influence de l'oxygène relativement à la couleur du sang et à la contraction du cœur : S. 2. 55. — ·· (Mémoire sur la) : S. 2. 66.

·· RÉTENTIONS D'URINE (Des) : S. 2. 67.

· RETRAIT SUCCESSORAL (Traité du) : I. 1. 100.

RETRAITE des dix mille (La), de Xénophon : comparaison avec les Commentaires de César : II. 1. 625.

REUME (DE). M. c. : I. 3. 535. — · Généalogie de la noble famille Elsevier, et Recherches historiques, généalogiques et bibliographiques sur les Elseviers : I. 3. 572.

REVELLAT. M. c. : II. 1. 246.

REVILLIOD. M. c. : III. 2. XXI.

REVILLOUT. M. r. : I. 3. 128 ; secrétaire adjoint : I. 3. 351 ; secrétaire perpétuel : I. 4. 1, 303 ; — 5. 5, 8, 124 ; II. 1. 3, 145. 241, 401. 513 ; — 2. 1. 377. — Dissertation sur l'occupation de Grenoble, au Xe siècle, par une nation païenne. II. 1. 551. — ·· Études sur saint Martin de Tours : I. 4. 183. — Funérailles des moines égyptiens au temps de saint Antoine et de saint Pacome : II. 1. 374. — La politique des Romains dans le Dauphiné : I. 5. 224. —

L'ancienne Académie delphinale et l'établissement de la bibliothèque publique à Grenoble : II. 1. 327. — ' L'arianisme à Grenoble : II. 1. 712. — * Mme d'Heudicourt et Mme de Maintenon : III. 11. XLVII. — Note sur la charte de donation de la maladerie de St-Étienne-de-Crossey à la Chartreuse de Currière, par Amédée V de Savoie : II. 1. 506. — Projet de règlement pour la publication du bulletin : II. 1. 11. — Rapport au nom de la commission chargée de préparer l'institution d'un concours : programme du concours : II. 1. 516. 542. — Rapports divers : I. 3. 760 ; — 4. 495, 507 ; — 5. 32. 97, 191 ; '' II. 1. 243, 317. — Un voyageur dauphinois resté inconnu : Antoine de Brunel, seigneur de Saint-Maurice-en-Trièves : III. 15. 127.

RÉVOCATION de l'Édit de Nantes (Conséquences de la) en Dauphiné : biens séquestrés sur les émigrés, par M. Auzias : III. 17. 91. — (Notes sur quelques documents inédits relatifs à la), par M. de Rochas : III. 16. 336 ; — 17. XVIII.

REVOILAT. Associé libre de l'ancienne Académie delphinale : A. 29.

' RÉVOLUTION (Histoire de la) et de l'Empire, par M. A. Gabourd : I. 2. 230.

RÉVOLUTION SCIENTIFIQUE (Une double) : les découvertes de M. Pasteur : III. 17. 275.

REY. M c. : III. 17. XX ; m. r. : III. 17. XXV ; — 18. XX. — Une page inédite de la vie du cardinal Le Camus, évêque et prince de Grenoble : III. 17. 248.

* REY (Charles), œuvres dramatiques : I. 3. 246, 287.

REY (Joseph). M. r. : I. 1. 22. — Mémoire sur le paupérisme, ou : De la misère et de son extinction : I. 1. 581. 614. — Rapport : I. 2. 498. — ' Théorie et pratique de la science sociale : I. 1. 328, et à la fin du volume, supplément avec pagination spéciale. — ' Traité d'éducation : I. 1. 202.

REY (Joseph-Auguste), avocat. M. r. : I. 1. 328.

REYMOND (Marcel). M. r. : III. 19. XXIII. — Esquisse d'une esthétique : III. 20. 93.

REYNAUD. M. c. : I. 1. 24.

REYNAUD (DE). M. de l'ancienne Académie delphinale : II. 1. 342.

REYNAUD (ou Renaud) de la Gardette. M. de l'ancienne Académie delphinale : A. 29. — ' Mémoire sur les causes de la destruction des bois en Dauphiné : M. 1. 461 (in-4° : 1. 117).

' RHIN (Études politiques et littéraires sur le) et les Burgraves : I. 3. 80.

RHIN (BAS-). Société des sciences, agriculture et arts du département du — : c. r. de ses travaux : I. 3. 82.

RHÔNE. Académie des sciences, belles-lettres et arts de Lyon (c. r. des travaux de l') : I. 2. 202. — Société d'agriculture, histoire naturelle et arts utiles de Lyon (c. r. des travaux de la) : III. 10. XXXII. — '' (Mémoire sur le cours du) à Seyssel, par Villars : S. 2. 89. — (Ordonnance royale sur la liberté du trafic le long du) : I. 2. 312.

'' RHYTHME (Du) musical : S. 2. 72.

RICARD, préfet de l'Isère. M. r. : S. 1. 38 ; S. 2. 41 ; président : S. 1. 39 ; décédé le 12 pluviôse an X : S. 2. 41. — '' Discours d'ouverture, où il félicite l'assemblée sur

la réunion des membres de l'ancienne Académie à ceux de la Société. — " Discours dans lequel il expose les motifs qui l'ont déterminé à assigner à la Société une salle dans les bâtiments de l'École centrale : S. 2. 84. 85. — " Notice biographique : S. 2. 77.

RICHOMME. — ' Le grillon et la fourmi, fable : I. 1. 429.

RIEUSSET. M. c. : L. 3. 27 ; S. 1. 29 ; S. 2. 30.

RIGAUDON (Le) dans le Trièves : III. 20. 244.

RIOUST DES VILLAUDRENS, ou un Léonidas breton : III. 2. 27.

RIRE ET SOURIRE : III. 13. 252.

RISTOLAS (Dissertation sur un ancien tombeau découvert à) : I. 1. 321.

RIVAIL (Aymar du. — " De Allobrogibus libri novem, ms. publié par M. A. de Terrebasse : I. 4. 488. — ' Histoire des Allobroges, traduction partielle par M. Macé : I. 5. 32.

RIVES (Armes et autres objets gaulois trouvés à). en 1882 : III. 17. 295 (fig.).

RIVET. — " Dictionnaire de pharmacie (2 vol. in-8°) : offert à la Société par l'auteur : S. 2. 39.

RIVIER. M. r. : II. 2. 377. 382.

RIVIÈRE-BERTRAND. — ' Étude sur le patois de Saint-Maurice-l'Exil. canton de Roussillon : III. 13. 313.

ROBERNIER (DE). M. c. : III. 2. XXXI. — ' Du patronage des jeunes libérés : III. 2. XXX, 195.

ROBIN. V. Littré.

ROCHAS (Adolphe. M. c. : III. 2. XXVI.

ROCHAS D'AIGLUN (DE). M. c. : III. 5. XVIII ; m. r. : III. 6. XVII ; de nouveau m. c. : III. 17. XII ; délégué pour représenter l'Académie au congrès géographique de

Lyon : id., XXI. — Communication d'une lettre du maréchal Dode de la Brunerie, relative à la Journée des tuiles : III. 11. 15. — " Deux lettres inédites de Vauban sur les travaux de fortification à exécuter dans le Dauphiné : III. 8. XVII. — Mémoire local et militaire sur la frontière des Alpes, ou Topographie militaire de cette frontière, par M. de Montannel, précédé d'une Notice historique sur les travaux de topographie relatifs aux Alpes franco-italiennes, par M. de Rochas-d'Aiglun : D. 3. — Négociations relatives au rappel du Parlement de Dauphiné en 1764 : III. 9. 78. — Note sur quelques documents inédits relatifs à la révocation de l'édit de Nantes dans les Alpes : III. 16. 336 ; " III. 17. XVIII. — Notice historique sur les fortifications de Grenoble (plan) : III. 8. 3. — " Projet de concours sur le sens et l'étymologie des termes géographiques et des noms de lieux employés en Dauphiné : III. 9. XVI. — " Rapport sur l'art de bâtir dans l'antiquité, par M. de Choisy : III. 10. XV.

ROCHE (DE LA). V. Lenoir de la Roche.

ROCHEFORT (Découverte d'une station préhistorique à), près Claix : III. 19. 136.

ROE. V. M'Roë.

ROGER. Associé libre de l'ancienne Académie delphinale : A. 30.

ROLLAND, conseiller à la Cour d'appel. M. r. : L. 3. 22 ; S. 1. 20 ; S. 2. 18 ; vice-président : S. 1. 40 ; secrétaire adjoint : S. 1. 41 ; m. r. : I. 1. 19. — " Rapport sur un ouvrage de M. Noël : S. 2. 85.

ROLLAND, conservateur du Musée de Grenoble. M. r. : I. 1. 20.

ROLLAND-BANÈS, ingénieur des mines. — ' Notice sur les grandes formations géologiques des Alpes de la Maurienne et du percement du tunnel entre Modane et Bardonnèche : III. 10. LXX.

' ROLLIN (Des œuvres historiques de) : I. 1. 40.

ROMAGNIEU (Cippe funéraire trouvé à) : II. 1. 229.

ROMAN. M. c. : III. 2. XXXI. — Catherine de Médicis en Dauphiné : III. 17. 316. — '' De l'organisation militaire de l'empire romain et des médailles légionnaires : III. 4. XX. — '' Étude sur les jetons banaux du Dauphiné : III. 20. XXIII. — Jetons du Dauphiné (fig.) : III. 15. 175. — L'ordre de Saint-Jean-de-Jérusalem dans les Hautes-Alpes : III. 18, 1re partie, 170. — Les aventures du capitaine J.-B. Gentil, de Florac : III. 19. 173. — Méreaux et jetons ecclésiastiques du Dauphiné : III. 16. 376. — '' Note sur Michel Stephani, évêque d'Embrun (1379-1427) : III. 16. XXI.

ROMANCE (Essai sur l'histoire de la) : III. 9. 113.

' ROMANS (Essai historique sur les hôpitaux et les institutions charitables de la ville de) : III. 1. 392.

ROMULUS (Temple de). V. Villette.

' RONSARD (Étude historique et littéraire sur) : III. 10. LXXII. — La Franciade : analyse, par M. Phil. Soupé : I. 5. 244.

ROSSIUS-ORBAN (DE). — ' Trois fables : I. 4. 532.

ROUARD. — ' Notice sur les bas-reliefs d'Entremont : I. 4. 518.

' ROUERGUE (Brochures diverses sur le) : III. 1. 277.

' ROUGE (Le) et le Noir, roman d'Henri Beyle : I. 2. 186.

'' ROUSSEAU (Anecdotes sur J.-J.) : S. 2. 59. — (Lettres inédites de), avec un fac-simile : II. 2. 509.

ROUSSELOT (abbé). M. r. : I. 1. 23. — [et Sœttler] : ' Théologie morale universelle : I. 1. 303. — Notices biographiques : III. 3. 9. 42.

ROUSSILLON (Dr). M. c. : III. 2. XXII : démissionnaire : III. 9. XVI.

ROUVAYRE (abbé). M. de l'ancienne Académie delphinale : II. 1. 342.

ROUX (abbé). Associé libre de l'ancienne Académie delphinale : A. 30.

ROUX, professeur à la Faculté des lettres de Grenoble : M. r. : I. 5. 8 ; m. du conseil d'administration : II. 2. 379. — Des Perses et des Grecs, ou despotisme et liberté, d'après Hérodote : II. 1. 680. — ' Du génie et des influences de la littérature française depuis les origines jusqu'au XVIe siècle : III. 10. LI. — Du patriotisme de Tite-Live, et des erreurs où il l'entraîne : II. 2. 525. — Note sur une inscription grecque du musée Calvet : II. 1. 464. — Retraite des dix mille de Xénophon : comparaison avec les Commentaires de César : II. 1. 625.

ROUX (Xavier). M. c. : III. 15. XI.

ROUX-FERRAND. M. c. : I. 1. 24. — ' Coup d'œil sur la philosophie et les lettres au XVIIIe siècle : I. 1. 197. — ' Des canaux et chemins de fer : I. 1. 713. — ' Des sentiments moraux et des passions humaines au point de vue chrétien : I. 2. 169. — ' Les deux époques, poésie : I. 1. 710. — '' Lettres sur le Gard : I. 1. 228. — ' Résumé de l'histoire des croisades : I. 2. 169.

ROUX-LA-CROIX, seigneur de La Bâtie des Vigneaux (Discours du

sieur) au corps municipal de Briançon : II. 1. 617.

ROYER (Balthazard). M. r. : L. 3. 22 ; S. 1. 20.

ROYER (Casimir). M. r. : III. 17. XIX.

ROYER (Louis). M. r. : L. 3. 22 ; S. 1. 20 ; S. 2. 18 ; vice-président : S. 1. 40.

ROYER-DE-LOCHE. M. r. : S. 2. 24.

ROZIER (abbé). Associé libre de l'ancienne Académie delphinale A. 28 ; II. 1. 360.

ROZIÈRES (DE). Associé libre de l'ancienne Académie delphinale : A. 28.

RUDENS (Étude sur le) de Plaute : III. 9. 128.

RUELLE. M. r. : I. 1. 21.

* RULLY (Notice sur la commune de) : I. 3. 278.

S

SABATIER (abbé) M. c. . I. 1. 207. — * Éloge de Mairan : I. 1. 295.

SABLIÈRES LA CONTAMINE. Associé libre de l'ancienne Académie delphinale : A. 28.

SŒTTLER (et Rousselot). — * Théologie morale universelle : I. 1. 303.

SAGE. Associé libre de l'ancienne Académie delphinale : A. 29 ; II. 1. 360.

* SAGESSE (La) : I. 1. 683.

SAINT-ANDÉOL (DE). M. c. : I. 1. 24 ; m. r. : II. 1. 521. — Aperçu géographique sur le pays des Helviens, depuis la conquête romaine jusqu'au VIIIe siècle (carte) : II. 1. 642. — Ce qu'est l'Alaise de Novalaise : III. 5. 31. — Crypte de Saint-Laurent (Note et communication relatives à la) : II. 3. 223, 245. — Découverte d'objets antiques à Moirans : III. 4. 206. — Le trophée de Quintus Fabius M. Æmilianus (fig.) : II. 3. 213. — Les cathédrales du Dauphiné : la cathédrale d'Embrun (fig.) : III. 3. 256. — Notice sur les églises de Penol et du Mottier (fig.) : II.

1. 597. — Un oppidum gaulois retrouvé (fig.) : II. 2. 662. — Rapports : II. 2. 250, 309 ; III. 4. XIX. — Notice biographique : III. 8. 66.

* SAINT-ANDRÉ-EN-ROYANS (Notice sur) : I. 5. 32.

SAINT-ANTOINE (Note sur les sceaux, méreaux et médailles de) : II. 3. 254.

** SAINT ATHANASE (Étude littéraire sur) : III. 13. XVII.

* SAINT AUGUSTIN à Cassiacum, ou les Tusculanes chrétiennes : III. 11. LXII.

SAINT-AUPRE (Donation de la maladerie de) ou de Saint-Étienne-de-Crossey à la Chartreuse de Currière : II. 1. 502. — (Renseignements historiques sur la maladerie de) : II. 1. 518.

* SAINT-BARNARD (Essai historique sur l'abbaye de) et sur la ville de Romans : II. 1. 62.

* SAINT BENOÎT D'ANIANE et la fondation du monastère de ce nom : III. 11. XXXVIII.

* SAINT BRUNO (Histoire abrégée de la vie de) : I. 2. 126.

Saint-Chaffre (Cartulaire de) : D. 2, livr. 6.

** Saint-Denis (Bataille de) en novembre 1567 : compte des morts et des blessés : I. 4. 483.

Saint-Donat (Note sur une inscription du clocher de), par M. le chanoine Auvergne : II. 3. 173. — ** (Notice sur le clocher de), par M. l'abbé Perrossier : III. 4. XVIII.

** Sainte-Chapelle (La) du château de Chambéry : III. 5. XVIII.

Sainte-Croix (le baron de). Associé libre de l'ancienne Académie delphinale : A. 30 ; II. 1. 360.

Sainte-Marie-d'en-Haut (Notice sur) : I. 5. 136, 137, 140.

Saint-Étienne-de-Crossey. V. St Aupre.

Saint François de Sales à Grenoble : III. 3. 61. — * (Lettres de) à des religieuses : III. 2. 35.

Saint-Genis (de). V. Flour de Saint-Genis.

** Saint-Gervais (Hauts-fourneaux de) : substitution du charbon de terre au charbon de bois : S. 2. 87.

Saint-Gervais (de). — * Précis de l'histoire du Poitou : I. 4. 542.

Saint-Hugues (Authenticité des Cartulaires de). V. Cartulaires. — " (Vie de), par M. A. du Boys (fragments) : I. 4. 35, 42.

** Saint Jean-Baptiste (Du culte de) au point de vue historique et religieux : III. 15. XIX. XX.

Saint-Jean-de-Jérusalem (L'ordre de) dans les Hautes-Alpes : III. 18. 170.

** Saint-Jean-des-Vignes (Fouilles de), près Châlons-sur-Saône : II. 1. 243.

Saint-Laud (de). — ** Fouilles dans les tumuli des Landes : III. 17. XIX.

Saint-Laurent (Dissertation sur l'effigie incrustée à l'extérieur du pourtour de l'abside de l'église de) : II. 1. 216. — (Image de saint Thibaut, archevêque de Vienne, sculptée sur le mur extérieur de l'église de) : II. 1. 224. — (La crypte de), par M. de Gournay : I. 2. 98, 129, 460. — (Lettre de M. Arnaud, maire de Grenoble, sur la crypte de) : I. 4. 9. — (Note sur la crypte de), de Grenoble, par M. de Saint-Andéol : II. 3. 223, 245. — (Nouveaux documents sur la crypte de), par M. de Gournay : I. 5. 112.

Saint Louis (Découverte du cœur de) sous le maître-autel de la Sainte-Chapelle : I. 2. 197, 215.

" Saint-Marcellin (Formation de la garde nationale et fête de la Fédération à), en 1792 : III. 14. XIX.

** Saint Martin de Tours (Étude sur) : I. 4. 183.

Saint-Maurice (de). M. r. : I. 1. 22.

* Saint-Maximin (Var) (Documents relatifs à la construction du maître-autel de l'église de) : II. 3. 309.

Saint-Paul à Athènes, tragédie : III. 19. 235.

Saint-Pierre de Vienne (Le trésor de) : III. 19. 119 (fig.).

* Saint-Quentin (Études archéologiques et historiques sur), près la Verpillière : III. 2. 114.

Saint-Robert (Cartulaire de) : D. 1. III. 1. — (Prieuré de) : notice historique : D. 1. VII. — (Prieurs de) : D. 1. 274. — " (Dissertation sur une inscription de l'église de) en l'honneur du dauphin Guigues III, dit le Gras : S. 2. 60.

Saint-Sébastien (Mystère de). V. Mystère.

SAINT-SIMONISME (Les doctrines du) : I. 1. 113.

SAINT-VALLIER. V. Poitiers.

SAINT-VALLIER (Annonce d'une notice sur Mgr de), évêque de Québec, par M. V. Advielle : II. 3. 256.

SAINT-VALLIER (Notice sur Mgr de), deuxième évêque de Québec (Canada), par un anonyme : (lecture faite par M. le chanoine Auvergne) : II. 2. 17.

SAINT-VINCENT (DE). — * Mémoire sur le paupérisme et les moyens d'y remédier : I. 4. 507. — * Du patronage des condamnés libérés : I. 5. 202.

* SAINT-WAUDRU (Acte d'érection de la collégiale de) : I. 4. 521.

SAKKARAH (Le Serapeum de) : II. 3. 357.

SALASSES : II. 2. 404.

SALCETTE (Colaud de la). M. de l'ancienne Académie delphinale : A. 27 ; II. 1. 357.

SALVANDY (DE), ministre de l'Instruction publique. — Lettre à l'Académie exposant les motifs qui ne permettent pas d'autoriser la Société à prendre le titre d'Académie royale : I. 2. 173.

SAPPEY. M. r. : I. 1. 20.

** SARCOPHAGE antique (Dissertation sur un, dont l'inscription rappelle un flamine de la déesse Juventus : S. 2. 60.

SARRASINS (Mémoire sur les invasions des) dans les contrées de la rive gauche du Rhône, et plus particulièrement dans le Dauphiné et dans les Alpes : I. 2. 216. 226. 410. 474. 497. 806 ; — 3. 141. — * (Note sur l'invasion des) dans le Lyonnais : II. 3. 115.

SARRET (J.-B.). M. c. : I. 3. 28 ; S. 1. 2. 31.

SARTHE. Société d'agriculture, sciences et arts de la — (c. r. des travaux) : I. 3. 345 ; — 4. 500, 512, 538 ; III. 10. LXVI.

SAUCIÉ. — * Introduction à l'histoire de la langue et de la littérature françaises : I. 4. 537.

SAURET (abbé). M. c. : II. 2. 378, 383. — * Essai historique sur la ville d'Embrun : II. 2. 657.

SAUSSURE (DE). Associé libre de l'ancienne Académie delphinale : A. 29 ; II. 1. 360.

** SAUT (Le) périlleux de Joachim, bey de Tunis, comédie politique, par MM. de Moydieu et La Merlière : III. 13. XIX.

SAUZAY. M. c. : S. 1. 2. 36.

SAUZIN (DE), présidt au Parlement de Grenoble. M. de l'ancienne Académie delphinale : II. 1. 334.

SAVOIE (Académie royale de) : c. r. de ses travaux : I. 2. 392 ; — 4. 505. 519. 530. 534 ; — 5. 200 ; II. 1. 142 ; — 2. 37. — * (Femmes célèbres de la) : III. 6. xv. — (Géographie ancienne de la) : II. 2. 386. — * (Histoire du Sénat de) : III. 2. 154, 280. — (Le Décanat de) : III. 17. 67. — * (Le monnayage en) : III. 10. XXIX. — (Notice historique sur les États Généraux de) : III. 11. 92. — * (Opuscules relatifs à la) : I. 2. 481. — (Origines et progrès de la maison de) : III. 9. XVI ; — 11. 74. — ** (Précis historique sur la maison de) : S. 2. 56. — (Rivalité du Dauphiné et de la) jusqu'en 1349 : II. 3. 124. — (Voies romaines de la) : II. 1. 149 ; — 3. 412, etc.

SAVOYE, chanoine de la cathédrale de Grenoble. M. de l'ancienne Académie delphinale : A. 27 ; II. 1. 358.

SAVOYE DE ROLLIN, M. de l'ancienne Académie delphinale : A. 26 ; II. 1. 357. M. c. : S. 1. 2. 33.

— Analyse des mémoires présentés au concours en 1787 : M. 1. 7, 132 et ss. (in-4° : 1. 5, 97 et ss.). — Discours prononcé à la séance d'avril 1788 : M. 3. iii (in-4° : 3. vj). — Résultats du concours ouvert sur l'éloge de Bayard : M. 3. xiii (in-4° : 3. iv). — Fragments du discours prononcé à la séance du 5 février 1789 : M. 3. xvi (in-4° : 3. xviij).

Savye (de) (Gaspard-François). M. de l'ancienne Académie delphinale : II. 1. 342.

Sceau d'Hugues Capet trouvé à Estrablin, par M. Mermet, communiqué à l'Académie par M. Pellenc, préfet de l'Isère : I. 1. 542.

** Science (De la) et de la méthode scientifique d'après Descartes : I. 4. 222. — ** et méthode : III. 13. 29. — * sociale (Théorie et pratique de la) : I. 1, à la fin du vol. (pagination spéciale).

** Sciences et arts (La situation des) à Genève : S. 2. 87.

Schmutz. M. c. : S. 2. 39. — ** Essai sur la langue grecque et sur les motifs qui doivent engager à étudier les auteurs grecs : S. 2. 85.

Schneider. M. c. : L. 3. 27 ; S. 1, 2. 30. — ** Dissertation sur un monument antique de la ville de Vienne, connu sous le nom de Plan de l'Éguille : S. 2. 85.

Schaepkens. M. c. : 1. 2. 839. — * Notes sur les tombeaux chrétiens : I. 4. 520.

Schoonen. — * L'oiseau prisonnier ; le rossignol, le corbeau et le coucou, fables : I. 4. 531.

Schreiber. M. de l'ancienne Académie delphinale : A. 26 ; m. c. du Lycée : L. 3. 26 ; S. 1. 2. 28. ** Description du procédé employé pour le traitement du minerai d'argent à la fonderie d'Allemont : S. 2. 86. — ** Mémoire sur la mine d'or de la Gardette, en Oisans : M. 2. 3 (in-4° : 2. 5). — ** Observations sur les mines en général, suivies d'un précis historique sur la mine d'argent d'Allemont : S. 2. 86.

** Sébiville (Pierre de) : les origines de la réforme à Grenoble : III. 18. xix.

Seducniens : II. 2. 404.

Segalauniens ou Segovellaunes : II. 2. 399.

Seigneuries ecclésiastiques (Des) : V. Droit criminel (Histoire du).

Seine. Académie des sciences morales et politiques (c. r. des travaux récents les plus remarquables) : I. 2. 128. — * Annuaire de l'Institut des provinces et des congrès scientifiques : II. 1. 383, 590. — Revue des Sociétés savantes des départements (c. r. de divers travaux) : III. 10. xlii. — * Romania (Mémoire de la Société la), année 1873 : III. 19. xl. — * Société philotechnique (annuaire de 1846) : I. 4. 223. — * Annuaire de 1872 : III. 10. xxxviii.

Seine-et-Marne (Académie de) : demande à échanger ses publications contre celles de l'Académie delphinale : III. 1. xxxii.

* Seine-et-Oise (Épisode de la Révolution dans le département de) : la famine de 1789-1792 : III. 10. xlvi.

* Seine-et-Oise (Société des sciences morales de) : I. 5. 192, 199, 204, 206. — * (Société des sciences, lettres et arts de) : III. 10. xl.

Seine-Inférieure. * Société nationale havraise : mémoires, années 37-38 : III. 10. lxix.

* Sel marin (De la valeur du) comme engrais : I. 4. 500.

* SÉNAT DE SAVOIE (Histoire du) :
III. 2. 154, 280.

** SENS (Du rôle des différents)
dans les acquisitions des sciences : III. 17. XXIV.

* SENTIMENTS (Des) moraux et des
passions humaines : I. 2. 170.

** SERIN (Le) et le Chat, fable : I. 4.
224.

* SERRES (Jean de), historiographe
de France : III. 10. XXIV.

SERVAN. Associé libre de l'ancienne
Académie delphinale : A. 30 ; II.
1. 360. — * et l'instruction criminelle, par M. Arthur Desjardins :
III. 19. 7.

SERVONNET (abbé). M. r. : III. 2.
XXII. — * Lettres de saint Fran-
çois de Sales à des religieuses :
III. 2. 35. — Saint François de
Sales à Grenoble : III. 3. 61.

SESTIER (Jules). M. c. : III. 17. XXII.

* SÉVIGNÉ (Étude sur Mᵐᵉ de) : I.
2. 724.

** SHAKESPEARE (Les derniers critiques de) en Allemagne : III. 12.
XXII.

** SICILE (Voyage en Italie et en) :
III. 16. XXII.

SICONIENS. V. Iconiens.

SIDNEY (sir Philip). — Défense de
la poésie : III. 12. 24.

** SILEX pyromaque (Mémoire sur
les de Vaucluse, et sur la manière dont on le taille pour en
faire des pierres à fusil : L. 3. 84.

SILPHIUM (Le) des anciens : II. 1.
67, 124.

SILVY (Dr). M. ordinaire du Lycée :
L. 3. 22 ; S. 1. 20 ; S. 2. 18 ; m. du
comité : S. 2. 18. — ** Mémoire
sur l'observation qu'il a faite de
trois fœtus monstrueux : S. 1.
68 ; S. 2. 86. — ** Mémoire sur
l'inoculation de la vaccine : id.
— ** Observations sur une quantité prodigieuse d'épingles ava-

lées par une jeune emme : id.
— ** Rapport sur la vaccine : id.

SIMIAN (Paul). M. c. : II. 3. 184,
186. — * Étude historique et philologique sur les journaux chez
les Romains : II. 3. 197. — * Des
cérémonies du mariage des patriciens et de la confarréation à
Rome : II. 3. 200. — Notice nécrologique, par M. J. Taulier :
III. 1. 346.

** SIMIANE (Notice historique sur
Bertrand Raimbaud de), baron
de Gordes : II. 1. 713. V. Gordes.

SIMON (G.). M. c. : I. 5. 135. —
* Trois ouvrages : 1º Une lettre
de Joseph-Napoléon ; 2º Étude
historique sur le duc et la duchesse de Marlborough ; 3º Observations recueillies en Angleterre en 1835 : I. 5. 135.

SIMONNARD (abbé). M. de l'ancienne
Académie delphinale : A. 27 ; II.
1. 336. 356.

* SIMPLE MORALE, fables et poésies
diverses : II. 3. 367.

SIMPLIFICATION (De la) et réduction
des langues : I. 2. 656.

SINARD (DE). M. c. : S. 2. 37. —
** Élégie et stances adressées à
sa nièce : S. 2. 86.

SISTERON, avocat. M. r. : I. 2. 32 ;
secrétaire-adjoint : id., 564 ; I. 3.
11.

* SISTERON (Essai sur les institutions municipales de) : I. 1. 188.

** SIXTE V (Allocution de) à la suite
du meurtre du cardinal de Guise :
I. 5. 267.

SIZERANNE (DE LA). V. Monier de
la Sizeranne.

SMITH. Associé libre de l'ancienne
Académie delphinale : A. 29.

* SOCIÉTÉ d'agriculture (Bulletin de
la. histoire naturelle et arts utiles
de Lyon, année 1870 : III. 10.
XXII.

* Société de la morale chrétienne : I. 5. 194.

* Société savoisienne d'histoire et d'archéologie : II. 1. 592, 715.

Sociétés correspondantes. V. au mot : Académie delphinale.

* Sociétés d'histoire locale : travaux qu'il serait utile de leur confier : III. 19. xx.

Sociétés savantes (Des) et de l'utilité de leurs travaux : III. 8. 97. — " (Études sur les) en Dauphiné : III. 15. xviii. — des départements (Revue des). V. Revue. — placées sous le patronage des recteurs : II. 1. 9. — Sont invitées à faire parvenir au ministère deux exemplaires de leur bulletin et le procès-verbal de chaque séance, et à faire imprimer des tables alphabétiques : I. 5. 135.

Sœur (La) de charité, poème élégiaque : III. 13. 352.

Soie (Industrie de la) en Dauphiné avant 1586 : I. 2. 313. 315. — ** (Mémoire sur la filature à froid de la) : S. 2. 51.

Soleirol. — * Des carrières de pierre à chaux hydraulique dans les environs de Metz : I. 4. 502.

** Sommeil (Mémoire sur le) considéré physiologiquement : S. 2. 54.

Sonier (abbé). M. c. : III. 8. xvii.

Sonnini. M. c. : S. 2. 40.

Sorbier. — * Biographies de J. de la Vacquerie et de Guillaume de Lamoignon, premiers présidents au Parlement de Paris : I. 2. 530, 534.

Soullié. M. r. : I. 3. 128; m. c. : I. 4. 676. — Rapports : I. 3. 253, 737.

Soupé (Philibert). M. r. : I. 5. 6; m. du conseil d'administration : II. 1. 9, 145. — Analyse de la Franciade de Ronsard : I. 5. 244. — Des principaux essais épiques en France de 1590 à 1650 : II. 1. 87. — Étude sur la Semaine de du Bartas : I. 5. 267. — La comtesse Mathilde, étude dramatique : II. 1. 247.

Sourdeval (de). — * Des incendies dans les bois et forêts : I. 4. 498.

Souris (Les deux), fable : III. 1. 196.

Souvenirs de l'île d'Elbe, par le Dr Leroy : I. 1. 239. — * des dernières expéditions russes contre les Circassiens : I. 2. 107. — du théâtre de Grenoble en 1793-94 : I. 4. 183. — sur Chépy : I. 3. 767. — " (Mélanges et) d'histoire, de voyages et de littérature : III. 6. xvi.

* Spontanéité (De la) du développement sensible, intelligent, etc., chez les enfants nouveau-nés : I. 5. 192.

Stael-Holstein (Éloge de Mme de) : I. 3. 193.

** Stances anacréontiques : S. 2. 75. — " composées par M. Laurence pendant sa captivité, en l'an II : id. — " sur l'amitié : id.

Stapfer. M. r. : III. 12. xvi. — Défense de la poésie, par sir Philip Sidney : III. 12. 24. — " Étude sur Goethe et Lessing : III. 16. xix. — " Les derniers critiques de Shakespeare en Allemagne : III. 12. xxii. — " Lettres inédites de Mérimée : III. 16. xx.

Station préhistorique. V. Rochefort.

Station romaine (Renseignements sur une ancienne habitation ou) au Forest-Saint-Jullien (Hautes-Alpes) : III. 1. 25.

Statistique botanique de l'Isère. V. Botanique.

Statut delphinal (Dissertation sur

le), par M. Burdet : II. 4. 163.

" STÉPHANI (Michel), évêque d'Embrun aux XIVe et XVe siècles . III. 16. XXI.

' STRATÉGIE (Principes de) et de topographie : I. 2. 95.

STROOBANT (abbé). — ' Acte d'érection de la collégiale de Saint-Waudru : I. 4. 521.

SUBVENTION accordée à l'Académie pour la publication de l'*Histoire de l'Imprimerie à Grenoble* : III. 20. XXII.

SUEZ (Canal de). V. Canal. — L'isthme de) et le Delta d'Egypte : III. 2. 89.

' SUICIDE (Mémoire sur le) et sur l'ivrognerie : I. 5. 194.

' SUISSE (Histoire de la Confédération) : III. 15. 74.

SURIGNY. (A. de). — ' Peintures murales à l'église Saint-Vincent de Mâcon : I. 3. 278.

SURVILLE (De l'authenticité des poésies de Clotilde de), ou Un procès d'histoire littéraire, par M. Macé : documents inédits, pièces justificatives : II. 3. 29 ; III. 5. 75, 187. — ' (Les poésies de Clotilde de), examen critique de l'ouvrage ci-dessus, par M. A. Loquin : III. 10. LVI.

T

' TABLEAU de Gérard (Examen d'un) représentant l'entrée de Henri IV à Paris : I. 1. 115.

" TABLEAU des quatre saisons, stances : S. 2. 74.

TACITE. — " La mort de Sénèque, trad. par M. Maurel : S. 2. 78.

TAILLAS (DE). M. c. : III. 13. XIX ; m. r. : III. 14. XVI ; m. du conseil d'administration et du comité de rédaction : III. 19, 20. V. — Étude historique sur le pouvoir temporel des évêques de Gap : III. 14. 201. — Essai sur l'état monastique de l'ancien diocèse de Gap : III. 16. 205. — " Notice biographique sur un dauphinois, Favre de Beaufort, médecin de Louis XV : III. 17. XXVI. — ' Notice historique sur l'ancienne communauté de Tallard : III. 14. 254.

TAILLES (Origines de la réalité des) en Dauphiné : I. 3. 536. — (Procès des) : I. 1. 232.

TALAVERA (Fernand de), archevêque de Grenade : II. 3. 56.

TALLARD (Notes sur les restes d'un tombeau celtique situé près de) : III. 1. 45. — ' (Notice historique sur l'ancienne communauté de) : III. 14. 254.

' TALMUD (Étude sur le) : III. 11. XXVIII.

TARDIEU. M. c. : III. 16. XXII.

TARDIVON (DE), abbé général de Saint-Ruf. Associé libre de l'ancienne Académie delphinale : A. 27.

TARDY. — ' Mémoire sur les causes du dépérissement des bois en Dauphiné et sur les moyens d'y remédier : M. 1. 132 (in-4° : 1. 97).

TARENTAISE et Maurienne. Itinéraire et notice épigraphique : III. 14. 257, 365.

TARN. ' Société littéraire et scientifique de Castres (1861) : II. 2. 372.

Tartari. M. r. : III. 18. xx ; démissionnaire : III. 20. xxiii.

Tasse (le). — ' La Jérusalem conquise : III. 11. lxv.

Taulier (abbé). — ' A mes amis, ou Dangers et secours pour la jeunesse : I. 5. 58.

Taulier (Frédéric), professeur à la Faculté de droit de Grenoble. M. r. : I. 1. 21 ; m. c. : I. 3. 6 ; — 4. 7 ; décédé : II. 2. 8. — Progrès de la jurisprudence en France : I. 1. 50. — Théorie raisonnée du Code civil : introduction : I. 1. 101. — Id. : fragments : I. 1. 144, 282, 285.

Taulier (Jules), chef d'institution. M. r. : I. 1. 21 ; m. du conseil d'administration : II. 1. 513, 521 ; secrétaire-adjoint : II. 3. 15 ; m. du comité de rédaction : id. ; secrétaire perpétuel : II. 3. 183, 189, [196] ; III. 1. xiv ; III. 2 à 7. v ; délégué pour représenter l'Académie aux Congrès des Sociétés savantes de 1865 : III. 1. xxvii, xxix ; obtient un congé d'un an, en 1868, pour cause de santé : III. 4. xxiv ; secrétaire perpétuel honoraire : III. 8. v. — " Catalogue sous forme de Régeste des preuves de l'histoire du Dauphiné, réunies par l'intendant Fontanieu, conservé à la Bibliothèque nationale : III. 1. 31. — " Guide du voyageur à la Grande-Chartreuse, etc. : II. 1. 712. — ' Histoire du Dauphiné depuis les temps les plus reculés jusqu'à nos jours : II. 1. 53. — Historique et travaux de l'Académie delphinale (lecture faite à la séance publique du 20 mai 1864) : II. 3. 261. — " Invocation à la Grande-Chartreuse, poésie : I. 1. 95. — Lettre au maire de Grenoble, au nom de l'Académie delphinale,

pour obtenir un local plus convenable : II. 3. 31. — ' Notice historique sur Bertrand-Raymbaud Simiane, ou de Simiane, baron de Gordes : II. 1. 713. — Notice nécrologique sur M. Paul Simiand, membre correspondant : III. 1. 346. — Propose de rétablir l'usage des jetons de présence : rapport : III. 1. xxxi, xxxiii. — Quelques mots relatifs à la Journée des tuiles, à Grenoble, le 7 juin 1788 : II. 3. 40. — ' Rapport fait au congrès de la rue Bonaparte sur les travaux de l'Académie pendant les années 1864-1865 : III. 1. xxx ; — 2. xxiii. — " Rapport sur un projet de modification du règlement (attributions du comité de rédaction) : III. 2. xvi. — Autres rapports : I. 5. 32 ; II. 3. 197. 200, 367. — Un Chartreux à son ami, pièce de vers : I. 1. 93.

Teisseire (Hyacinthe-Camille). M. ordinaire du Lycée : L. 3. 23 ; S. 1. 22 ; S. 2. 19 ; vice-président : S. 1. 40 ; m. r. : I. 1. 19. — " Rapport sur l'administration interne des hospices : S. 2. 86. — ** Observations sur une nouvelle méthode de peigner le chanvre : S. 2. 87.

Teisseire (Léonce). M. r. : III. 11. xviii ; secrétaire perpétuel : III. 16. v ; — 17. xxiii, xxviii ; démissionnaire : III. 18. xvii. — Étude sur le troisième acte de Charlotte Corday, d'après un manuscrit inédit de Ponsard : III. 16. 69. — ** Notice nécrologique sur M. de Bournet : III. 17. xx.

Télégraphe (Le) de jour et de nuit de M. Villalongue : I. 1. 229.

' Tell (La légende de Guillaume) : III. 11. lxii.

" Temps (Le) ramenant la paix, ode

imprimée par arrêté de la Société (Grenoble, in-4°) : S. 2. 74.

TENUE franche (De la) en Dauphiné. V. Dauphiné (Mémoire sur la tenue franche, etc.).

" TERMES géographiques (Projet d'un concours sur le sens et l'étymologie des) et des noms de lieux employés dans le Dauphiné : III. 9. XVI.

TERREBASSE (Louis-Alfred Jacquier de). M. c. : I. 4. 23. — " Publication de l'histoire manuscrite des Allobroges, par Aymar du Rivail : I. 4. 488.

TERREUR (Grenoble et l'Isère pendant la) : III. 4. 111.

THÉÂTRE de Grenoble (Souvenirs du) en 1793 et 1794 : I. 4. 183. — ' de Lyon (Les origines du), mystères, farces et tragédies : troupes ambulantes ; Molière : III. 2. 111.

* THÉOLOGIE morale universelle (La) : I. 1. 303.

THÉORIE du Code civil, par M. F. Taulier (fragments) : I. 1. 101, 144. 282, 295.

THIBAUD (P.). M. r. : III. 10. XVI. — Études sur l'histoire de Grenoble et du département de l'Isère pendant la Terreur : III. 14. 111.

THIBAULT. M. c. : I. 4. 222.

THIERRY (Amédée). — ' Rapport sur un concours relatif à l'histoire des États Généraux en France depuis 1302 jusqu'en 1614 : I. 2. 129.

THOIN ou Thouin (André), membre de l'Académie royale des sciences à Paris. Associé libre de l'ancienne Académie delphinale : A. 29.

THUÉS. M. c. : S. 2. 42. — " Description d'expériences faites sur la substitution du charbon de terre au charbon de bois dans les fourneaux de Saint-Gervais : S. 2. 87. — " Mémoire sur la fonderie de Saint-Gervais (Isère) : S. 2. 88.

TIERS DE SOL (Deux) mérovingiens au nom de Gracianopolis : III. 4. 135. — ' du monétaire Vintrio : I. 3. 278.

TINGRI. Associé libre de l'ancienne Académie delphinale : A. 29.

' TISSOT (Vie de Joseph-Xavier), en religion frère Hilarion, par M "' : I. 5. 198.

TITE-LIVE (Du patriotisme de) et des erreurs où il l'entraîne : II. 2. 525.

" TITANE (Mémoire sur le) espèce nouvelle de métal : S. 2. 87.

TOMBEAU (Ancien). V. Ristolas. — (celtique). V. Tallard. — d'Étienne de Poisieu. V. Poisieu.

' TOMBEAUX chrétiens (Notice sur les) : I. 4. 520.

TOSCAN. M. c. : I. 3. 26 ; S. 1, 2. 28.

' TOULON (Séjour de la flotte de Frédéric Barberousse à) en 1543 : I. 3. 52.

" TOURBE (Note sur la carbonisation de la) : S. 2. 87.

TOURETTE (DE LA). Associé libre de l'ancienne Académie delphinale : A. 30.

TOURNADRE (DE). M. r. : S. 1. 24 ; S. 2. 22 ; m. du comité : S. 2. 48 ; trésorier : S. 2. 46. — " Inventeur d'une machine appelée le Pantographe : S. 2. 87.

TOURNEUF (DE). M. r. : II. 2. 2 ; m. c. : II. 3. 184. 187.

TOURTEL. Associé libre de l'ancienne Académie delphinale : A. 29. — Mémoire sur les moyens de perfectionner l'espèce des moutons du Dauphiné : M. 2.

in fine, pagination distincte (in-4°, id.) [1].

Toytot (de). — " Le gantier de Grenoble : III. 2. xxxvii ; — 3. xvi.

Travail (Note sur le) et le progrès : I. 4. 479.

Tremey (abbé). M. c. : III. 19. xxi.

Trépier (abbé). M. r. : II. 2. 12 ; m. du conseil de rédaction : II. 3. 189 ; m. c. : III. 3. xviii. — Notes et observations sur l'origine de la domination des comtes Guigues à Grenoble et dans le Graisivaudan, et sur la valeur historique des Cartulaires de St Hugues : II. 2. 535. — Observations sur un passage de l'éloge de M. Fauché-Prunelle, prononcé par M. Gariel : III. 1. 54. — La vérité sur Saint-Hugues et ses Cartulaires : III. 2. xxv, xxxii, 204.

Trésor (Le) de Saint-Pierre-de-Vienne : III. 19. 119 (fig.).

Tricastins : II. 2. 400.

Tricoriens (ou Tricolliens) : II. 2. 401.

Troglodytes (Les) de l'époque néolithique, etc. V. Dauphiné (De l'ancienneté de l'homme en).

Trophée (Le) de Quintus Fabius Maximus Æmilianus : II. 3. 213 (fig.).

Trouiller. M. r. : III. 2. xvi : m. du conseil d'administration et de rédaction : III. 10, 11, 14, 15, 19, 20. v ; vice-président : III. 17. v ; président : III. 18. v. — Discours de réception : Une officialité au moyen âge, et Éloge de M. l'abbé Rousselot : III. 3. 9. — Discours

d'installation comme président : III. 19. 3. — Réponse au discours de réception de M. l'abbé Pellet : id., 113.

Trousset, ou Berard-Trousset. M. r. : L. 3. 23 ; S. 1. 21 ; S. 2. 19 ; secrétaire-adjoint : S. 1. 41 ; président : S. 1. 39. — " Consultation sur une maladie compliquée de calculs et de goutte : S. 2. 88. — " Mémoire sur les eaux minérales du département de l'Isère : id. — " Mémoire sur l'organe de la voix : id. — " Notice sur les mines et eaux minérales du département de l'Isère : id. — Publications diverses : id.

Troyes (Société académique de). Échange son bulletin avec celui de l'Académie delphinale : III. 1. xxx.

Truffet (abbé). M. c. : I. 4. 300. — " Cahiers manuscrits destinés à l'enseignement de ses élèves : I. 2. 316.

" Tragédie, Tragiques. V. Dissertation, etc.

Tuiles (La journée des) à Grenoble : II. 3. 40 ; III. 11. 145. — " 20. xxiv.

" Tumuli (Fouilles dans les) des Landes : III. 17. xix.

Tunnel (Le) du Mont Viso : III. 1. 125.

Turbilly (Notices sur le marquis de), agronome angevin : I. 4. 449 ; II. 3. 310.

" Tusculanes (Réflexions sur un passage des), de Cicéron : S. 2. 78. — " (Les) chrétiennes, ou Saint-Augustin à Cassiacum : III. 11. lxii.

---

[1] Pour l'attribution de ce mémoire, qui a été imprimé sans nom d'auteur, v. le compte rendu qu'en a fait M. Gagnon, secrétaire perpétuel, pp. 31 à 38 de ce volume (in-4°, pp. 25 à 29).

U

Union faite par les citoyens de
Grenoble pendant les guerres de
religion du xvie siècle : I. 2.
148.
· Uraniade (L') : I. 3. 128.

· Urtières (Monographie des) ou
de la Basse-Maurienne : II. 3. 202.
Usages (Mémoires sur divers) de
la vie commune chez les anciens
III. 1. 311.

V

·· Vaccine (Mémoire sur la) : S. 2.
86.
Vacquerie (Jean de la). · Biographie : I. 2. 530.
·· Valbonnais (Notice sur la vie et
les ouvrages du président de) :
S. 2. 52.
Valence (Chronique des évêques
de) : D. 2. 5e livr., p. 31. —
(Pouillé du diocèse de) : Id. 7e
livr., p. 35. — (Société littéraire
de) : échange son bulletin avec
celui de l'Académie delphinale :
III. 2. XXVI.
Valentinois (Mémoire historique
sur la partie du comté de) situé
sur la rive droite du Rhône : III.
20. 260.
Valfrey. — · La diplomatie française au xviie siècle. Hugues de
Lionne : ses ambassades en Italie (1642-1656) : III. 13. 338.
Valgorge (Ovide de). M. c. : I. 4.
263. — · Souvenirs de l'Ardèche :
Promenades dans la Savoie et

sur les bords du lac Léman :
La Grande-Chartreuse : I. 4. 250.
Vallentin (Florian). M. c. : III.
12. XVI : m. r. : III. 13. XX : secrétaire-adjoint : III. 14. V ; secrétaire perpétuel : III. 15. V ; m.
c. : III. 16. XI ; décédé : III. 18.
XX. — Communication de deux
vases grecs et de deux statuettes
en terre cuite trouvés à Athènes :
III. 15. XXIII. — ·· Id. de divers
antiques provenant d'Aspres-les-
Veynes : id., XVIII. — ·· Id. d'objets antiques : III. 16. XX. — · Id.
d'une pierre gravée trouvée à la
Bâtie-Montsaléon : III. 15. XXI. —
Id. relative à des fouilles exécutées dans le département de l'Ardèche : III. 15. XXIII. — · Id. relative à des monnaies gauloises
découvertes à Moirans : id., XXII.
— · Id. relative à l'emplacement
d'Aeria, près Orange : III. 17. XX.
— ·· Id. relative à un bas-relief
déposé au Musée de Grenoble :

III. 16. XXI. — ' Id. relative à un cippe funéraire trouvé sur le territoire de Nîmes : III. 17. XX. — ' Id. relative à une inscription romaine récemment découverte à Grenoble : III. 15. XX. — Id. relative aux tableaux qui décoraient autrefois la salle des séances de l'Académie : III. 15. 399. — " Communications : 1° sur les nécropoles du premier âge de fer découvertes dans les Hautes-Alpes ; 2° sur une plaque de cuivre portant un portrait inédit de Mandrin : 3° sur divers objets en pierre trouvés aux environs de Montélimar, Rémusat et Gap : 4° sur la formation de la garde nationale et la fête de la Fédération à Saint-Marcellin, en 1792 : III. 14. XIX. — " Communications : 1° sur les nécropoles néolithiques de la vallée du bas Graisivaudan (objets et ossements découverts à l'Ermitage, à la Buisse, à l'Échaillon, à Aizy) ; 2° sur les explorations faites par l'auteur dans les Hautes-Alpes en 1878, et sur les objets préhistoriques recueillis par lui dans cette région : III. 15. XVII. — De l'ancienneté de l'homme dans la province de Dauphiné : III. 15. 211. — Découvertes archéologiques faites en Dauphiné pendant l'année 1879 : id., 41. — Essai sur les divinités indigètes du Vocontium, d'après les monuments épigraphiques : III. 12. 171. — " Étude sur la voie romaine de Lyon à Arles établie par Agrippa : III. 16. XXI. — La voie romaine de l'Oisans : III. 13. XVI, XVIII, 263. — L'arrondissement de Montélimar avant l'histoire (âges de pierre et de bronze) : III. 14. 3. — " Le Dauphiné littéraire : étude sur les Sociétés

savantes qui ont existé dans cette région : III. 15. XVIII. — " Les dieux de la cité des Allobroges, d'après les monuments épigraphiques : id. — " Notice biographique sur le comte Monier de la Sizeranne : III. 17. XXV. — Notices nécrologiques sur MM. Patru, Casimir de Ventavon et de Bournet : III. 15. 396. — " Notice sur Aymar du Perier, seigneur de Chamaloc, conseiller au Parlement de Grenoble : III. 16. XVIII. — " Origine et révolution des noms de famille en Dauphiné : III. 12. XX. — " Récit d'une excursion archéologique dans le Queyras : III. 16. XXII. — " Visite au musée épigraphique de Gap : id., XXI. — Rapports : " III. 14. XX.

VALLENTIN (Ludovic). M. c. : III. 2. XX.

VALLET. M. de l'ancienne Académie delphinale : II. 1. 340.

VALLET DE VIRIVILLE, professeur à l'École des Chartes. Propose la fondation d'un prix au Lycée de Grenoble : III. 1. XXVIII.

VALLIER (Gustave). M. r. : II. 1. 514, 521 ; m. du conseil d'administration : II. 2. 379 ; III. 1. XL ; désigné pour représenter l'Académie au congrès scientifique d'Aix en Provence : III. 2. XXXII ; démissionnaire : III. 5. XVI. — Archéologie de contrebande, à propos de Mandrin (fig.) : II. 3. 44. — Communication de deux lettres autographes attribuées à Bayard, et d'une Notice de M. Veyron-Lacroix, possesseur de ces documents : III. 2. XVII. — Communication relative à une erreur commise par Guy Allard : III. 3. XXII. — Deux tiers de sol mérovingiens au nom de Gracianopo-

lis : III. 4. 135. — Dissertation sur une colonne milliaire au nom de Constantin, découverte récemment à Saint-Paul-d'Izeaux : III. 1. 349. — " Essai sur les fédérations martiales en Dauphiné : III. 4. XXIII. — Le poète Jean Millet et l'abbaye de Bongouvert (fac-simile et sceaux) : III. 4. 41. — Lettre à M. de Longpérier, directeur de la *Revue numismatique :* l'hippocampe des monnaies allobroges ne serait-il pas le prototype du dauphin ? II. 3. 315. — Lettres inédites de J.-J. Rousseau (fig.) : II. 2. 509. — ' Notice sur des restes de peintures murales existant à la tour des Loives, près Roybon : III. 2. XXXIII. — Proposition d'une modification au règlement : II. 3. 186. — Réflexions sur les excès commis pendant les guerres de religion. Un autographe du baron des Adrets. Une lettre inédite de Henri III (fac-simile) : III. 1. 178. — Un chanoine devant le Parlement : III. 3. 58. — Une inscription du XVII⁰ siècle : III. 3. 173. — " Rapport : III. 4. XX.

VALSON. — M. r. : III. 4. XVI ; m. du conseil d'administration et du comité de rédaction : III. 4. XXV ; — 7. XVII ; — 8. 40. V ; président : III. 11. V ; m. c. : III. 13. XVIII. — Allocution en prenant possession de la présidence : III. 12. 3. — Discours d'ouverture de la séance publique du 22 décembre 1876 : id. 244. — " Du matérialisme scientifique en Allemagne et en Angleterre : id., XVII. — Éloge de M. le dr Leroy : III. 4. 35. — Réponses aux discours de réception de MM. Chabrand : III. 12. 113 ; Ginon (abbé) ; id., 48 ; Golléty : id., 73 ; Guirimand : id., 138 ;

Stapfer : id., 45. — " Rapport : III. 6. XVI.

VAN BENEDEN. — ' Recherches sur l'embryologie et sur un groupe d'animaux parasites : III. 20. XXIII.

VAN DRIVAL (abbé). — ' Quelques mots sur une grammaire comparée des langues bibliques : II. 1. 539.

VAPEUR d'éther sulfurique. V. Éther sulfurique.

VAR. ' Société des sciences, belles-lettres et arts du département du Var, siégeant à Toulon (comptes rendus divers) : I. 1. 422, 669 ; — 3. 47 ; — 4. 522, 525, 537 ; II. 1. 144 ; — 2. 376. — ' Société d'études scientifiques et archéologiques de Draguignan : II. 1. 141.

" VASES étrusques (Substance qui sert de base aux) : S. 2. 69.

VAUBAN. — " Deux lettres inédites sur les travaux de fortification à exécuter en Dauphiné ; communiquées par M. de Rochas d'Aiglun : III. 8. XVII.

VAUCANSON (Le flûteur de) : I. 5. 15. — (Orthographe véritable du nom de) : I. 1. 37. — * (Parallèle de), Paulet et Jacquard : I. 5. 7

VAUDAINE (La) et les pics qui la dominent : III. 14. 91.

VAUDOIS (Massacre des) dans la grotte d'Aleifroide, en Vallouise renseignements sur le chiffre probable des victimes et la date du fait : I. 1. 453. — (Un épisode de l'histoire des) en 1489 : III. 19. 147.

VAUVENARGUES (Étude sur) : II. 1. 524.

VELLOT (Alfred). — ' Vie d'Artus Prunier de Saint-André : III. 13. 319. — Médaille d'or accordée à cet ouvrage : III. 14. XVI.

" VÉMONT (Le Grand) : III. 17. XVIII. XIX, XXVII.

VENTAVON (Casimir de). M. r. : 1. 1. 21 ; m. du conseil d'administration : I. 2. 198, 365 ; trésorier : I. 2. 564 ; — 3. 11, 351 ; — 4. 1, 303 ; — 5. 5, 8, 124 ; II. 1. 3, 145, 241. — Rapports : I. 1. 113, 277, 428 ; — 2. 175. — Proposition d'une addition au règlement (notice nécrologique sur les membres défunts) : II. 1. 147.

VENTAVON (Mathieu de). M. r. : I. 1. 21. — Notice nécrologique : II. 3. 352.

VENTES (Lettre du président Jean de). V. Charles le Téméraire.

VERAGRES : II. 2. 404.

* VER A SOIE (Sur l'éducation du) : I. 2. 696.

VERDIER (Généalogie des), imprimeurs-libraires à Grenoble : III. 18 (2e partie). LII.

VERDIER-ALLUT (Mme). — * Les Géorgiques du Midi : II. 3. 252.

* VÉRITÉ (La) : I. 2. 839.

VERNET. M. r. : I. 1. 22 ; m. du conseil d'administration : I. 3. 11, 351. — Rapport : I. 2. 10.

VERNEUIL (Les gentilshommes dauphinois à la bataille de) : III. 20. 347.

* VERNIS (Le) des anciens luthiers de Crémone, retrouvé par M. V. Grivel : III. 2. xxiv.

VÉRONNE (Moreau de). M. de l'ancienne Académie delphinale : A. 25 ; II. 1. 341. — ** Mémoire sur quelques antiquités de la ville de Grenoble : M. 2. 3 (in-4o : 2. 6).

VERRE en vers, poésie : III. 1. 117.

VERRERIE (Observations sur l'art de la, dans l'antiquité : III. 1. 267.

** VERS A SOIE (Mémoire sur l'éducation des) en Chine et dans la vallée de Grenoble : S. 2. 52.

VERTACOMACORI (Vercors) : II. 2. 399.

VERTRAY. M. r. : III. 1. xxiv. — * Simple morale, fables et poésies : II. 3. 367. — La poésie, les principaux poètes et leur influence sur les sociétés dans les différents âges : III. 1. 58. — Verre en vers : III. 1. 117. — Les deux souris, fable : III. 1. 196. — Deux et deux font quatre (extraits) : III. 2. 297.

** VEYNES (Objets en bronze trouvés à) et Aspres-les-Veynes dans la tranchée du chemin de fer : III. 14. xvii.

VEYRON-LACROIX. M. c. : III. 2. xx. — Notice sur le mariage du chevalier Bayard : lettres inédites attribuées à Bayard (fac-simile) : III. 2. 21. — Note additionnelle : id., 30. — Pièces justificatives : id., 31.

VÉZÉRONCE (Bataille de). V. Burgondes.

VICAT. M. r.. puis m. c. : I. 1. 24.

** VICES d'élocution familiers aux Français, et particulièrement aux Grenoblois : S. 2. 68.

* VICHY et les bains chauds du Bourbonnais au xvie siècle, par Nicolas de Nicolay, dauphinois ; publié par M. V. Advielle : III. 1. 281.

VIDAUD D'ANTHON (DE). M. de l'ancienne Académie delphinale : A. 26 ; II. 1. 357 ; m. c. : I. 3. 27 ; S. 1. 30 ; m. r. : S. 2. 22 ; vice-président : S. 2. 44 ; président : S. 2. 43. — ** Dissertation sur cette question : La peinture doit-elle espérer son perfectionnement du concours nombreux des artistes et des amateurs qui la cultivent aujourd'hui ? S. 2. 62. — ** Manuel du peintre, ou traité de l'emploi des couleurs : id. — ** Mémoire sur la préparation des couleurs pour la peinture : id. —

" Mémoire sur l'emploi des couleurs pour la peinture : id. —
" Observations sur les portraits
de Mably, Condillac, Vaucanson
et Valbonnais, peints par M. Le
Camus : id.

VIDEL (La famille) : III. 15. 165.

VIENNE (Chronique abrégée de l'é-
glise de), seu Fundatio sanctæ
Viennensis ecclesiæ : D. 2. 5e livraison, p. 14. — (Chronique des
archevêques de) : ibid., p. 20. —
" (Dissertation sur un monument
antique de la ville de) connu sous
le nom de Plan de l'Éguille : S.
2. 85. — (L'ancienne chronique
de) : I. 2. 133. — (Mémoire sur
les fouilles exécutées à) : I. 1.
341. — (Pouillé du diocèse de) :
D. 2. 7e livraison. — (Recherches
sur les antiquités de) : I. 1. 359,
360.

VIENNE (Raoul de), sire de Louppy,
gouverneur du Dauphiné (1361-
69) : III. 16. 35.

VIENNOIS (DE). M. de l'ancienne
Académie delphinale : A. 27 : m.
ordinaire du Lycée : S. 1. 24 : S.
2. 37 : m. c. : S. 2. 37.

" VIENNOISE (Administration de la
Narbonnaise et de la) sous la domination romaine : III. 12. XIX.

VIGUIÉ. — La légende de Guillaume Tell : III. 11. LXII.

VILLARS, ou VILLAR (Dominique).
M. de l'ancienne Académie delphinale : A. 26 : m. du Lycée : L.
3. 21 : S. 1. 19 : président : S. 1.
39. — De l'étude et des charmes de la botanique : S. 2. 89. —
" Éloge de l'histoire naturelle :
id. — Éloge historique de Liotard neveu, botaniste à Grenoble :
id. — Extrait de l'ouvrage de
Fontana sur les poisons, avec des
remarques : S. 2. 88. — Liste et
observations sur les arbres de la
province de Dauphiné : M. 1. 174
(in-4o : I. 127). — Mémoire sur
la fièvre épidémique qui régnait
à Grenoble, avec quelques observations sur l'administration de
l'hospice de Genève : S. 2. 89. —
" Mémoire sur la météorologie :
M. 2. 3 (in-4o : 2. 5). — Mémoire
sur l'utilité de joindre aux actes
de décès une notice des maladies
qui l'ont précédé : S. 2. 88. —
" Mémoire sur le cours du Rhône
à Seyssel : S. 2. 89. — Mémoire
sur l'établissement à Grenoble
d'une école spéciale de médecine
et de pharmacie : S. 2. 90. —
" Mémoire sur les moyens à employer pour accélérer les progrès
de la botanique : S. 2. 88. — Notes autobiographiques, publiées
par M. Macé : II. 2. 361. — Notes
sur quelques botanistes dauphinois : id., 354. — Notice des
procédés économiques de Rumford : S. 2. 89. — Notice sur la
vie et les travaux de M. Chaix,
curé des Baux, près Gap (Hautes-
Alpes : id. — Notice sur l'agriculture du département de l'I-
sère : id. — Observations microscopiques diverses : id. —
" Observations sur les vices d'administration de l'hôpital militaire : id. — Précis d'un voyage
dans les Hautes-Alpes, et mémoire sur l'agriculture : S. 2. 88.
— Rapport sur le Dictionnaire
des termes de botanique de M.
Mouton-Fontenille : S. 2. 90. —
Publications diverses : id. — Fait
hommage à la Société d'un buste
de M. Marcheval, ex-intendant
du Dauphiné : id.

VILLARS (Maxime). M. r. : III. 10.
XVI : m. du conseil d'administration et de rédaction : III. 11. V ;
— 16. V : — 17. XXIII : vice-prési-

dent : III. 18. v : président : III.
19. v. — Discours prononcé en
prenant possession de la présidence : III. 20. 3. — Mᵍʳ Raillon :
notice biographique : III. 11. 16.
— ** Relation inédite de la Journée des tuiles, attribuée à l'abbé
Gattel : III. 20. xxiv. — Réponses
aux discours de réception de
MM. de Crozals : III. 20. 43 ; Giraud : id., 86, et Marcel Reymond : id. 159. -- " Un épisode
de la vie du P. Lacordaire : III.
12. xvii.

Villaseca. — ' Mémoire sur l'alté-
ration des pommes de terre : I.
2. 697.

Villeroy (Lettre de) à Maugiron,
lieutenant général en Dauphiné :
I. 2. 324.

Villette (Antiquités trouvées à) :
temple de Romulus : III. 14. 35
(fig.).

Vincens de Gourgas. M. r. : I. 3.
503.

Vincent. M. c. : J. 1. 220.

Vingtrinier. — ' Note sur les invasions des Sarrasins dans le
Lyonnais : II. 3. 115.

" Violette (La), le Souci et le Jardinier, fable : S. 2. 82.

Violle. M. r. : III. 12. xxi.

Virieu (Le comte de). Associé libre
de l'ancienne Académie delphinale : A. 28 ; II. 1. 360.

Viso (Le Mont) : III. 1. 118.

Vital-Berthin. M. r. : I. 1. 22. —
Rapport : I. 1. 117.

** Vitesses virtuelles (Démonstration directe et générale du
principe des) : S. 2. 70.

Voconces (Limites des Allobroges
et des) : II. 2. 392, 398. — V.
aussi : ** Allobroges (Dissertation, etc.).

Vocontium (Essai sur les divinités
indigètes du), d'après les monuments épigraphiques : III. 12. 171.
— Errata et additions : III. 13.
365.

Voie romaine de l'Oisans (La). V.
Oisans. — de Die à Vienne : III.
20. 392. — " de Lyon à Arles
(Étude sur la) : III. 16. xxi.

Voies romaines du Dauphiné : II.
2. 412.

' Voironnais (Mémoire sur le)
I. 5. 97.

Voisin (abbé). — ' Notes sur les
peintures d'une chapelle de la
cathédrale du Mans : I. 3. 348.

" Voix (Mémoire sur l'organe de
la) : S. 2. 88.

' Volcans (Les) d'Auvergne : S. 2.
67.

Voltaire (Anecdotes sur) : I. 3.
556.

' Vondel, ou Van der Vondel (Étude
sur le poète hollandais) : III. 10.
lxxvi.

" Voyage badin, en vers et en
prose : S. 2. 76. — de la commission scientifique en Morée. V. ce
dernier mot. — en Italie et en
Sicile : III. 16. 11.

Voyageur (Le) pressé, fable : I. 4.
224.

Vroil (de). M. c. : III. 6. xviii.

W

WASHINGTON. Académie Smithso-
nienne : échange son bulletin
avec celui de l'Académie : III. 11.
XIX.

* WEBER (Étude biographique sur
Karl-Maria de) : I. 2. 733.
WULLIEMIN. — * Histoire de la Con-
fédération suisse : III. 15. 74.

X

XÉNOPHON (L'Anabase de) : comparaison avec les Commentaires
de César : II. 1. 625.

* XIMENÈS (Le cardinal) et l'inqui-
sition espagnole, par M. A. du
Boys : II. 1. 66.

Y

YERMOLOFF (Général). M. r. : III. 6.
XVI. — " Mélanges et souvenirs
d'histoire, de voyages et de littérature : III. 6. XVI.
YOKOHAMA (Lettre de) : III. 4. 3.
* YONNE. Société des sciences historiques et naturelles d'Auxerre :
III. 10. L.
YSE DE ROSANS (D'). M. de l'ancienne Académie delphinale : A.
26 ; II. 4. 335, 356.

TABLE DES PLANCHES

N⁰ˢ D'ORDRE.	DESCRIPTION des PLANCHES.	TITRE DE L'ARTICLE auquel ELLES SE RAPPORTENT.	N⁰ˢ DU VOLUME et de LA PAGE.
1	Deux planches figurant divers motifs d'architecture.	Notice sur les églises de Penol et du Mottier, par M. de Saint-Andéol.	IIᵉ série, t. 1, p. 597.
2	Carte du pays des Helviens (pagus Helviorum).	Aperçu géographique sur le pays des Helviens, etc., par le même.	Id., id., 642.
3	Carte du Dauphiné et de la Savoie avant et pendant la domination romaine.	Mémoire sur quelques points controversés de la géographie du Dauphiné et de la Savoie avant et pendant la domination romaine, par M. Macé.	Id., 2, 386.
4	Fac-simile de la fin d'une lettre de Rousseau, et dessin d'une plante qui y était jointe (1 pl.).	Lettres inédites de J.-J. Rousseau, par M. G. Vallier.	Id., id., 509.
5	Vue de l'oppidum trouvé à Pampelone (Ardèche), d'une maison gauloise, etc. (1 pl.).	Un oppidum gaulois retrouvé, par M. de Saint-Andéol.	Id., id., 662.
6	Chaussure du cheval de Mandrin (1 pl).	Archéologie de contrebande, par M. G. Vallier.	Id., 3, 44.
7	Vue du trophée de Q. Fabius M. Emilianus découvert à Sarras (Ardèche).	Le trophée de Q. Fabius M. Emilianus, par M. de Saint-Andéol.	Id., id., 213.

Nᵒˢ D'ORDRE.	DÉSIGNATION des PLANCHES.	TITRE DE L'ARTICLE auquel ELLES SE RAPPORTENT.	Nᵒˢ DU VOLUME et de LA PAGE.
8	Fac-simile d'une lettre du baron des Adrets.	Réflexions sur les excès commis pendant les guerres de religion, par M. G. Vallier.	IIIᵉ série, t. 1, p. 178.
9	Signatures de Philis de la Tour-du-Pin et de son frère (fac-simile).	Philis de la Charce, ou une héroïne dauphinoise au XVIIᵉ siècle, par M. A. du Boys.	Id., id., 3.
10	Une planche représentant divers objets antiques.	Découverte d'objets antiques à Moirans, par M. de Saint-Andéol.	Id., id.. 206.
11	Fac-simile de deux lettres de Bayard (2 pl.).	Notice sur le mariage du chevalier Bayart, par M. Veyron-Lacroix.	Id., 2, 21.
12	Deux planches représentant divers ornements d'architecture.	Notice historique sur l'abbaye des Ayes, par M. Ed. Maignien.	Id., id., 424.
13	Plan de la cathédrale d'Embrun, élévation extérieure des absides et de la première travée de la nef, etc. (1 pl.).	Les cathédrales du Dauphiné, par M. de Saint-Andéol.	Id.. 3, 256.
14	Diplôme et sceaux de l'abbaye de Bongouvert (2 pl.).	Le poète Jean Millet et l'abbaye de Bongouvert, par M. G. Vallier.	Id., 4, 41.
15	Plan des enceintes successives de Grenoble (1 pl.).	Notice historique sur les fortifications de Grenoble, par M. de Rochas d'Aiglun.	Id., 8, 3.
16	Cinq planches représentant divers objets antiques.	Antiquités trouvées à Villette, par M. R. Géry.	Id., 14, 35.
17	Trois planches représentant des marques de notaires.	Les marques de notaires en Dauphiné, par M. Ed. Maignien.	Id.. id.. 46.
18	Trois planches, savoir : 1º Carte de la Maurienne et de la Tarentaise; 2º Edelweiss ou Étoile des glaciers (gnaphalium léontopodium); 3º Écusson trouvé à Laval-de-Tignes	Itinéraire de la Maurienne et de la Tarentaise, par M. H. Ferrand.	Id., id.. 256.
			Id.. id.. 306.
			Id.. id.. 310.

Nᵒˢ D'ORDRE.	DESCRIPTION des PLANCHES.	TITRE DE L'ARTICLE auquel ELLES SE RAPPORTENT.	Nᵒˢ DU VOLUME et de LA PAGE.
19	Trois planches représentant une mule harnachée, des brides et des plaques.	Recherches sur des plaques de bride muletière au XVIIᵉ siècle, par M. B. Charvet.	IIIᵉ sér., t. 17, p. 102.
20	Plan des lieux (1 pl.) et deux planches représentant divers objets antiques (en tout 3 pl.).	Armes et autres objets gaulois trouvés à Rives, par le même.	Id., id., 295.
21	Une planche représentant une garde d'épée, des fragments de la lame et une inscription en langue espagnole.	Recherches sur la date et la provenance d'une lame d'épée trouvée à Renage, par le même.	Id., 18 (1ʳᵉ part.), 163.
22	1. Généalogie de la famille Verdier, imp.-libr. à Grenoble.	L'imprimerie, les imprimeurs et les libraires à Grenoble du XVᵉ au XVIIIᵉ siècle, par M. Ed. Maignien.	III. 18 (2ᵉ part.), LII.
	2. Id. Faure, id.		Id., id., LXIV.
	3. Id. Giroud, id.		Id., id., LXVI.
	4. Id. Champ. id.		Id., id., CIV.
23	Deux planches représentant d'anciennes tapisseries.	Le trésor de Saint-Pierre de Vienne, par A. Prudhomme.	Id., 19. 119-129.
24	Une planche représentant divers objets d'équipement ou de harnachement.	Les harnachements des chevaux de selle au moyen âge, etc., par M. le Dʳ B. Charvet.	Id., 20. 199-206.
25	Plan de la commune de Pact (1 pl.). Objets antiques trouvés à Pact (2 pl.).	Rapport sur des fouilles archéologiques faites sur le territoire de la commune de Pact, par M. l'abbé Chapelle.	Id., id., 375.

ERRATA ET ADDITIONS

Page 3, ligne 3 : [Médaille] d'or décernée par l'Académie à la Vie du
premier président Artus Prunier de Saint-André, par M. A.
Vellot : III. 14. XVI.

Page 11, v° BERENGER (Édouard), au lieu de : Las Noças de Jauselou
Roubi, lisez : Las Noças de Sauselou Roubi.

Page 31, après le mot : CUREL, ajoutez : CURRIÈRE (Chartreuse de). V.
Chartreuse de Currière.

Page 34, v° DICTIONNAIRE, ajoutez : — ' de médecine de Littré et Robin :
III. 8. 182.

Page 35, ligne 4, ajoutez : DORGEVAL-DUBOUCHET (Mme). M. c. : III. 17.
XXIV.

Page 38, avant le mot ÉPÎTRE, ajoutez : ÉPITAPHE du dauphin Guigues
le Gras : III. 6. 90.

Page 67, avant le mot : MALADIE, ajoutez : MALADERIE de Saint-Étienne-
de-Crossey, ou de Saint-Aupre (Donation de la) à la Chartreuse de Currière, par Amédée V, comte de Savoie : II. 1.
502.

Page 69, après le mot : MÉCANIQUE, ajoutez : MÉDAILLE de bronze,
Médaille d'or. V. au mot : ACADÉMIE DELPHINALE, Médaille
(p. 2), et Errata et additions, ligne 1.

Page 94, au lieu de : '' SICILE, etc., lire : SICILE (Une excursion sur les
côtes de l'Italie méridionale et de la) : III. 16. 11.

ACADÉMIE DELPHINALE

ORIGINE, FONDATION

ET

PREMIER RÈGLEMENT

DE L'ACADÉMIE

Réimpression, en format in-8°, de la plaquette in-4° de 1790.

*L*ES accroissements successifs que l'établissement
de la Bibliothèque publique a éprouvés, ayant rendu
insuffisant le local destiné à contenir les livres,
les associés administrateurs profiterent pour l'augmenter d'une circonstance favorable: la distribution de
cet emplacement, dirigée par M. Renauldon, l'un des
associés, a été faite de façon que le prolongement
de la grande salle ne paroit être que l'exécution et
le perfectionnement du premier projet, et le reste
de l'emplacement acquis, en symétrisant heureuse-
ment avec le cabinet d'Histoire-Naturelle, fournit
le local nécessaire aux séances académiques. Ces
assemblées se sont multipliées par le concours des
personnes qui cultivent les différentes branches des
sciences, par les lectures des ouvrages sur lesquels
les auteurs viennent consulter la Société, et sur-tout
par le progrès sensible des connoissances que les
différentes parties de cet établissement ont déjà pro-
duit. Les administrateurs désirant s'associer un plus
grand nombre de coopérateurs ont sollicité et obtenu

du gouvernement de nouvelles Lettres-Patentes qui portent le nombre des académiciens à quarante, y compris les représentants des corps y ayant droit, et forment une classe d'associés vétérans, et une d'associés libres.

LETTRES-PATENTES

QUI, approuvant l'Etablissement à Grenoble d'une Bibliotheque publique, ainsi que le choix des personnes nommées pour la diriger, autorisent celles-ci à se donner des Successeurs; confirment un legs qui lui a été fait, et lui permettent de recevoir encore à l'avenir de semblables libéralités.

Données à Versailles au mois de Novembre 1780.

REGISTRÉES EN PARLEMENT.

LOUIS, PAR LA GRACE DE DIEU, ROI DE FRANCE ET DE NAVARRE, DAUPHIN DE VIENNOIS, COMTE DE VALENTINOIS ET DIOIS : A tous présents et à venir ; SALUT. Nos bien-amés les Directeurs de la Bibliotheque publique de Grenoble nous ont fait exposer, que les habitants de cette Ville étoient sur le point de

perdre, par la mort de notre amé et féal le Sieur de Caulet leur Evêque, la collection nombreuse de livres choisis dont il étoit possesseur, et dont il leur permettoit l'usage ; qu'une souscription procura la somme de 45000 l., à laquelle le Marquis de Grammont, héritier du Prélat, voulut bien réduire le prix de cette riche Bibliotheque estimée beaucoup davantage ; qu'elle fut acquise de ces deniers au nom commun des souscripteurs, et que l'Ordre des Avocats y ayant réuni la sienne, elle fut rendue publique le 5 septembre 1773 ; qu'un préalable nécessaire avoit été d'engager l'administration du College de la Ville à céder différentes parties de bâtimens qui, destinées autrefois à des Congrégations aujourd'hui abolies, n'étoient plus d'aucun usage, d'y faire les dispositions convenables, et d'y placer les livres ; que d'un autre côté, afin de ne rien laisser à désirer pour l'instruction, un Cabinet d'Histoire naturelle et des instruments de physique ont été ajoutés à la Bibliotheque ; que toutes ces opérations sont l'ouvrage des Exposants, lesquels ont été choisis par les Souscripteurs, et qui d'abord au nombre de douze seulement, forment aujourd'hui celui de vingt-cinq ; que l'utilité reconnue de l'Etablissement qu'ils dirigent, a déterminé le Sieur Joseph-Claude Raby d'Amérique, à lui léguer par son testament du 17 avril 1779, et par son codicile du 10 août suivant, des livres, des cartes de géographie, des médailles et des instruments de physique ; et qu'ils espéroient que la même considération nous porteroit

non-seulement à autoriser cette libéralité, et à permettre
qu'elle soit imitée, mais encore à confirmer tous les arrangements relatifs à l'Etablissement dont il s'agit. Instruits
combien les Sciences et les Lettres influent sur la prospérité des Etats, convaincus par cette raison qu'il est de
notre devoir, comme de notre intérêt, d'en favoriser la
culture, nous hésitons d'autant moins d'avoir égard à
cette demande, que Grenoble manquoit entierement des
secours qu'elle a pour but de lui procurer. A CES CAUSES,
et autres à ce nous mouvant, de l'avis de notre Conseil,
et de notre grace spéciale, pleine puissance et autorité
royale, nous avons approuvé, autorisé et confirmé ; et
par ces présentes signées de notre main, nous approuvons,
autorisons et confirmons l'Etablissement à Grenoble d'une
Bibliotheque publique et d'un Cabinet d'Histoire naturelle.
Confirmons le choix que les Corps et particuliers qui ont
souscrit pour ledit Etablissement, ont fait provisoirement
et sous notre bon plaisir, de vingt-cinq personnes pour le
diriger. Voulons qu'à mesure que chacun de ces Directeurs viendra à mourir, ses Confreres lui élisent un Successeur, en sorte que le nombre de vingt-cinq que doit
former cette Société littéraire, soit toujours complet.
Approuvons tout ce qui a été fait jusqu'ici touchant ledit
Etablissement, notamment les actes ou délibérations par
lesquels les Administrateurs du College de Grenoble ont,
sous notre bon plaisir, cédé les parties de bâtiments où
l'on a placé tant la Bibliotheque que le Cabinet d'Histoire

naturelle et pratiqué une salle pour les assemblées de la
Direction , ainsi qu'un logement pour le Bibliothécaire ;
le règlement que lesdits Directeurs ont fait sur ce qui
doit être observé dans ladite Bibliotheque et dans ledit
Cabinet d'Histoire naturelle, soit par les personnes pré-
posées pour veiller à l'Etablissement, soit par le public ;
enfin le testament et le codicile dudit feu sieur Raby en
faveur dudit Etablissement. Voulons que lesdites délibérations, ledit réglement et lesdits actes, sortent leur plein
et entier effet. Autorisons en outre ledit Etablissement à
recevoir tous dons et legs qui pourront lui être faits ; à
condition toutefois que si parmi les choses qui lui seront
données ou léguées, il se trouvoit des immeubles, ils
seront vendus dans l'année ; et que dans le cas où le
prix en seroit placé à son profit, il ne pourra l'être qu'en
effets dont les réglements permettent la possession aux
Gens de main-morte. Exceptons à l'effet de tout ce que
dessus ledit Etablissement, mais pour ce regard seulement, et sans que cela puisse tirer à conséquence, de la
rigueur de toutes loix qui pourroient y être contraires.
Si DONNONS EN MANDEMENT à nos amés et féaux les Gens
tenant notre Cour de Parlement de Dauphiné, que ces
présentes ils aient à faire registrer ; et du contenu en icelles,
faire jouir et user ledit Etablissement, pleinement, pai-
siblement et perpétuellement, cessant et faisant cesser tous
troubles et empêchements contraires : CAR TEL EST NOTRE
PLAISIR : et afin que ce soit chose ferme et stable à tou-

jours, nous avons fait mettre notre scel à cesdites présentes. Donné à Versailles au mois de novembre l'an de grace mil sept quatre-vingt, et de notre regne le septieme. *Signé* LOUIS. *Et plus bas,* par le Roi Dauphin. LE PRINCE DE MONTBAREY. *Visa,* HUE DE MIROMESNIL. Et scellé du grand sceau en cire verte.

LOUIS, PAR LA GRACE DE DIEU, ROI DE FRANCE ET DE NAVARRE, DAUPHIN DE VIENNOIS, COMTE DE VALENTINOIS ET DIOIS : A tous ceux qui ces présentes verront ; SALUT. Savoir faisons que sur la Requête présentée à notre Cour de Parlement, Aides et Finances de Dauphiné, par les Directeurs de la Bibliotheque publique de la Ville de Grenoble, tendant à ce que les Lettres-Patentes, qui approuvant l'Etablissement à Grenoble d'une Bibliotheque publique, ainsi que le choix des personnes nommées pour la diriger, autorisent celles-ci à se nommer des Successeurs, confirment un legs qui lui a été fait, et lui permettent de recevoir encore à l'avenir de semblables libéralités, soient enregistrées au Greffe de notredite Cour, pour être exécutées suivant leur forme et teneur. Vu par notredite Cour lesdites Lettres données à Versailles au mois de novembre dernier, signées LOUIS, et plus bas, LE PRINCE DE MONTBAREY ; ladite Requête ; l'Ordonnance de soit montré à notre amé et féal Procureur-Général, du 4 de ce mois : les conclusions dudit Procureur-Général, de ce jour : Oui sur ce le rapport de notre

amé et féal Charles-Gabriel-Justin de Barral, Conseiller en notredite Cour, Commissaire à ce député ; et tout considéré : NOTREDITE COUR entérinant la Requête desdits Directeurs, ordonne que les Lettres-Patentes dont s'agit seront enrégistrées au Greffe de notredite Cour, pour être exécutées suivant leur forme et teneur. SI DONNONS EN MANDEMENT au premier notre Huissier ou Sergent requis, à la requête desdits Directeurs, faire pour l'entiere exécution du présent arrêt tous actes et exploits de Justice requis et nécessaires ; de ce faire te donnons pouvoir : en témoin de quoi nous avons fait mettre et apposer le scel de notre Chancellerie à cesdites présentes. DONNÉ à Grenoble en Parlement, le huitieme janvier de l'an de grace mil sept cent quatre-vingt-un, et de notre regne le septieme. PAR LA COUR.

Signé, BOISSET.

A GRENOBLE, DE L'IMPRIMERIE ROYALE.

LETTRES-PATENTES

DU ROI,

Données à Versailles au mois de Mars 1789.

Qui accordent à la Société Littéraire, établie à Grenoble, le titre d'Académie Delphinale, augmentent le nombre de ses membres, lui permettent de faire imprimer ses ouvrages, et prescrivent les regles auxquelles elle sera tenue de se conformer.

REGISTRÉES EN PARLEMENT.

LOUIS, par la grâce de Dieu, Roi de France et de Navarre, Dauphin de Viennois, Comte de Valentinois et Diois : A tous présens et à venir; SALUT. Par nos Lettres-patentes du mois de novembre 1780, nous avons approuvé l'établissement à Grenoble d'une Bibliotheque publique

tous les arrangements auxquels il avoit donné lieu, et le choix des vingt-cinq personnes nommées pour le diriger ; nous avons en outre réglé, que dans le cas où l'une de celles-ci viendroit à mourir, les autres lui choisiroient un successeur. Cette Société Littéraire s'est successivement livrée à l'étude de tout ce qui a rapport aux sciences, aux arts, à l'agriculture, à l'industrie et au commerce. Ses assemblées sont devenues très-fréquentes, les séances publiques qu'elle a tenues, les mémoires intéressants qui y ont été lus, et les prix qu'elle y a distribués ont excité dans la province une émulation que nous devons d'autant plus chercher à accroître, que nous sommes instruits combien les sciences et les lettres influent sur la prospérité des Etats. C'est dans cette vue que nous nous portons à augmenter le nombre des membres qui composent la Société dont il s'agit, dans la proportion qu'exige l'étendue de ses occupations, à lui donner le titre honorable dont nous la jugeons digne, à lui permettre de faire imprimer et distribuer ses ouvrages ; enfin à lui prescrire les regles les plus propres, non seulement à y faire régner l'ordre et la décence convenables, mais encore à assurer la conservation de la bibliotheque importante, et du riche cabinet d'histoire naturelle, dont le dépôt lui est confié. A CES CAUSES, et autres à ce nous mouvant, de l'avis de notre conseil et de notre certaine science, pleine puissance et autorité royale, nous avons ordonné, et par ces

présentes signées de notre main, nous ordonnons, voulons et nous plait ce qui suit.

ARTICLE PREMIER.

La Société Littéraire établie à Grenoble prendra à l'avenir le titre d'Académie Delphinale.

II.

Elle aura un sceau formé d'un champ d'azur, avec un livre ouvert d'argent, sur lequel seront inscrits ces mots, *sciences et arts*, au chef cousu de gueule, chargé d'une fleur de lys d'or, d'un dauphin de même, et d'une rose d'argent.

III.

L'Académie aura pour objet de ses travaux tout ce qui concerne les lettres, les sciences et les arts. Elle dirigera également ses vues sur tout ce qui lui paroîtra tendre aux progrès de l'agriculture, du commerce, et de l'industrie, principalement dans la province de Dauphiné ; mais elle s'abstiendra de s'occuper de tout ce qui pourroit être relatif aux études de la théologie et à l'administration publique.

IV.

Comme son établissement est dû à l'empressement avec lequel les citoyens de Grenoble ont contribué à y former une bibliotheque, la premiere et la plus essentielle de ses

obligations, sera de veiller à la conservation de ce monument précieux.

V.

Elle sera composée de trois classes, dont la premiere comprendra les académiciens administrateurs, la seconde les académiciens vétérans et la troisieme les associés libres.

VI.

Le nombre des Académiciens administrateurs électifs sera fixé à trente-six. Ils ne pourront être choisis que parmi les personnes qui auront établi leur demeure à Grenoble. Les quatre représentants des corps y ayant droit, seront également dans la classe des académiciens administrateurs, qui par ce moyen seront au nombre de quarante. Ils auront tous voix délibérative ; ils seront seuls soumis aux travaux réguliers de l'Académie. Ils auront seuls le droit de faire toutes les élections, d'examiner les ouvrages proposés au concours, et de décerner les prix. Ils connoîtront exclusivement de tout ce qui aura rapport à l'administration de la Bibliotheque.

VII.

Les Académiciens vétérans seront pris parmi ceux des Académiciens administrateurs qui, après vingt ans d'exercice, auront donné leur démission par écrit ou de vive voix dans une assemblée générale. L'Académie pourra néanmoins donner, lorsqu'elle le jugera à propos, des lettres de vétérans aux Académiciens administrateurs,

qui se retireroient avant d'avoir exercé vingt ans. Le nombre des Académiciens vétérans ne sera point fixé.

VIII.

Les associés libres seront pris parmi les étrangers, ou ceux qui n'auront pas une résidence habituelle dans la ville, leur nombre ne pourra pas excéder celui de cent.

IX.

Les Académiciens vétérans et les associés libres auront le droit d'assister aux assemblées de l'Académie, lorsqu'ils se trouveront à Grenoble ; ils auront indistinctement rang avec les Académiciens administrateurs ; ils n'auront voix délibérative que dans les discussions relatives à la littérature, aux sciences et aux arts ; ils ne pourront toutesfois la prétendre lorsqu'il s'agira de l'adjudication des prix.

X.

L'Académie aura un Président, un Secrétaire, un Trésorier, et un Bibliothécaire qui sera en même temps garde du cabinet d'histoire naturelle, et de celui des médailles et antiquités. Elle pourra cependant, lorsqu'elle le jugera à propos, confier à d'autres personnes la garde de ces deux cabinets ; elle aura en outre un comité, dont les membres ainsi que tous les officiers susnommés, seront élus par la voie du scrutin à la pluralité des suffrages.

XI.

Le Président sera nommé tous les deux ans au mois

de janvier ; il ne pourra être élu de nouveau qu'après un intervalle pareil. Il présidera les assemblées ; en son absence l'assemblée sera présidée par l'Académicien administrateur, le plus avancé en âge.

XII.

Le président sera au haut bout de la table, et les membres de l'Académie se placeront sur les deux côtés, à leur choix et sans distinction, excepté le secrétaire qui sera vis-à-vis le président à l'autre extrémité de la table.

XIII.

Le président sera très-attentif à maintenir le bon ordre dans chaque assemblée ; il prendra les avis des membres de l'Académie, en commençant à la droite, et opinant lui-même le dernier. Lorsqu'on aura délibéré sur une proposition, il prononcera toujours la résolution qui aura été prise avant de passer à une proposition nouvelle.

XIV.

Le secrétaire de l'Académie sera perpétuel, il sera choisi parmi les Académiciens administrateurs, il tiendra le registre des délibérations, et en outre un journal par dates et par extraits de toutes les pieces qui seront lues, remise ou adressées à l'Académie ; au bas de chaque piece qui lui sera envoyée, il écrira *reçu*, après quoi il datera et signera. Tous les mémoires approuvés par la compagnie, seron transcrits sur un livre, avec une table contenant le titre de ces mémoires et le nom des auteurs. Chaque

mémoire sera collationné sur l'original par le président, dans une assemblée du comité ; et dans la première séance publique de chaque année, le secrétaire rendra un compte raisonné de ce qui aura été fait de plus remarquable dans l'Académie pendant l'année précédente.

XV.

Les registres, titres et papiers concernant l'Académie, demeureront toujours entre les mains du secrétaire. le président en fera dresser l'inventaire dans une assemblée du comité, et à la fin du mois d'août de chaque année. le même comité procédera au recolement des articles qui auront été ajoutés pendant toute l'année sur cet inventaire.

XVI.

Il sera formé par le secrétaire un tableau sur lequel les membres de l'Académie seront placés suivant l'ordre de leur réception, et divisés en trois classes, conformément à l'article V.

XVII.

Lorsque le secrétaire ne pourra se rendre aux assemblées pour cause de maladie, d'absence ou autres raisons considérables, il nommera tel d'entre les Académiciens administrateurs qu'il jugera à propos, pour tenir en sa place les registres des papiers qu'il sera dans le cas de lui confier.

XVIII.

Le trésorier recevra les revenus fixes et casuels de

l'Académie ; il sera autorisé à payer toutes les sommes sur les mandats du comité, et à solder tous les états et mémoires arrêtés par lui. Il rendra ses comptes au comité à la fin du mois d'août de chaque année ; et à cet effet il lui présentera un bordereau de recette et de dépense, sur lequel sera calculé l'excédent de l'un ou de l'autre ; et ce bordereau sera vérifié et signé par le président et le secrétaire, en présence du comité.

XIX.

Lorsque le trésorier ne pourra remplir ses fonctions, il nommera un Académicien administrateur pour y satisfaire.

XX.

Le bibliothécaire sera perpétuel, et ne pourra être choisi que parmi les Académiciens administrateurs ; il tiendra un catalogue de la bibliotheque, divisé par ordre de matieres, lequel catalogue, formant plusieurs volumes, sera vérifié dans des assemblées du comité : à la derniere page de chaque volume du catalogue, le comité déclarera s'il l'a trouvé exact, et cette déclaration sera signée par le président et par le secrétaire. lorsque la vérification entiere du catalogue aura été achevée, le bibliothécaire tiendra un second catalogue, où il inscrira toutes les acquisitions nouvelles dans l'ordre où elles auront été faites. Elles seront rapportées sur le catalogue général, sous le numéro qui leur sera assigné ; lequel numéro sera également mis à la marge du catalogue des acquisitions nouvelles, et à la

fin du mois d'août de chaque année, ce catalogue sera vérifié et arrêté par le comité, et signé par le président et par le secrétaire. Celui qui aura la garde du cabinet d'histoire naturelle, et du cabinet des médailles et antiquités, tiendra également pour ces deux parties deux catalogues qui seront tenus et vérifiés annuellement, de la maniere prescrite pour le catalogue des livres. Le bibliothécaire tiendra enfin un registre particulier, et fait double où seront inscrits les noms des souscripteurs et bienfaiteurs de la bibliotheque, le montant des souscriptions, le titre des livres, et la description de tous les effets contenus dans la bibliotheque ; l'un de ces doubles restera déposé dans cette bibliotheque, et l'autre le sera dans les archives de l'Académie. Elle pourra même, lorsqu'elle le jugera à propos, donner à ce registre la publicité de l'impression.

XXI.

On ne laissera sortir, sous quel prétexte que ce puisse être, ni de la bibliotheque, ni du cabinet d'histoire naturelle, et de celui des médailles et antiquités, aucun des effets qui y sont contenus. Pour assurer autant qu'il est possible, l'observation de cette règle, il sera procédé chaque année dans le mois de juin à la vérification du tiers de la bibliotheque, de sorte que la totalité soit vérifiée tous les trois ans. Le comité nommera à cet effet des commissaires qui rendront compte de leur travail

dans une assemblée générale tenue immédiatement après
qu'il aura été terminé.

XXII.

L'Académie aura un comité qui sera composé du président, du secrétaire, du trésorier, du bibliothécaire et
de dix associés administrateurs, dont cinq seront échan-
gés tous les ans au mois de janvier, les cinq derniers
désignés dans la première nomination des dix, seront ceux
qu'on remplacera la seconde année et dans les années
suivantes, on remplacera les cinq plus anciens.

XXIII.

Le comité s'assemblera tous les premier et troisieme
samedi de chaque mois. Les délibérations seront prises à
la pluralité des voix, et le nombre des délibérants sera au
moins de sept.

XXIV.

Le comité prendra connoissance de toutes les affaires
relatives à l'administration de la bibliotheque, pour les
préparer, et en faire le rapport aux assemblées générales
de l'Académie, qui seules auront le droit de les décider.
Les acquisitions, les échanges, les dépenses, les changements à faire, seront examinés par le comité, et il n'exé-
cutera rien que d'après le consentement des assemblées
générales qui se tiendront à des jours marqués ; les dépenses
courantes indispensables, et qui sont annuellement les

mêmes ne seront néanmoins soumises qu'à la seule vérification du comité qui autorisera le trésorier à fournir les fonds ; il en sera de même pour les payements qu'occasionneront les entreprises arrêtées dans les assemblées générales; ils seront faits par le trésorier sur les mandats du comité.

XXV.

Lorsque le comité aura à la fin de chaque année vérifié les registres du bibliothécaire, et les comptes du trésorier, il rendra compte de ce travail immédiatement après l'avoir fait, dans une assemblée générale.

XXVI.

Les assemblées générales ou ordinaires de l'Académie se tiendront le jeudi de chaque semaine à cinq heures du soir. Les membres de l'Académie seront assidus à chaque assemblée. Le comité et le Président auront droit de convoquer des assemblées extraordinaires, lorsque les affaires pourront l'exiger.

XXVII.

Les vacances de l'Académie commenceront au premier de septembre, et finiront le vingt-cinq novembre de chaque année.

XXVIII.

On pourra porter les affaires de l'Administration dans toutes les assemblées ordinaires de l'Académie ; les premier et troisième jeudi de chaque mois, seront néanmoins

principalement destinés aux affaires, et on en renverra l'examen à ces jours-là. Lorsque dans les autres assemblées les Académiciens administrateurs ne seront pas au nombre de quinze, les délibérations seront signées par tous les présents.

XXIX.

Nul ne pourra être proposé pour être reçu membre de l'Académie, s'il n'est de bonnes mœurs, et âgé de vingt-cinq ans.

XXX.

Les personnes attachées à des corps réligieux ou à des congrégations, ne pouvant être membres d'une administration publique, ne seront admises que dans la classe des associés libres.

XXXI.

La compagnie nommera ses membres sans considérer si les personnes proposées se seront présentées ou même auront paru désirer être admises. Les élections se feront aux deux tiers des voix par scrutin, et ne pourront avoir lieu qu'autant que les électeurs seront au moins au nombre de vingt-un ; les lettres de convocation exprimeront le motif de l'assemblée. Lorsqu'on présentera plusieurs sujets pour une seule place vacante, on les passera tous-à-la-fois dans un scrutin général, celui qui aura recueilli le plus de voix, subira un scrutin particulier, et s'il ne réunit pas les deux tiers des suffrages, il sera exclu, et l'on procédera de la même manière pour les sujets proposés.

XXXII.

Dans les assemblées ordinaires de la Société, on s'occupera de tout ce qui est relatif aux lettres, aux sciences et aux arts. On y entendra la lecture des mémoires composés par les membres de l'Académie, lesquels laisseront ces mémoires entre les mains du secrétaire, afin qu'on puisse y avoir recours dans l'occasion. On y lira également tous les ouvrages importants, ayant un rapport direct ou indirect aux sciences, et à la littérature, et les Académiciens seront invités à en faire des extraits qui serviront à former les recueils de l'Académie. Ils auront soin d'entretenir commerce avec les divers savants du royaume et des pays étrangers, et de rendre compte aux assemblées des résultats de leurs correspondances. Ils observeront de ne mettre aucune aigreur dans leurs discussions.

XXXIII.

L'académie recevra tous les mémoires qui lui seront adressés, mais elle n'adoptera pas exclusivement toutes les opinions qu'ils pourront renfermer dans le cas même où elle les couronneroit.

XXXIV.

Les personnes qui ne seront point de l'Académie, ne pourront, sans son aveu, assister à ses assemblées ordinaires.

XXXV.

Toutes personnes auront entrée aux séances publiques. On en tiendra une toutes les années le premier samedi

après Saint-Jean-Baptiste, et les autres lorsqu'il y aura des distributions de prix.

XXXVI.

Toutes personnes pourront concourir pour l'adjudication des prix, excepté les académiciens administrateurs et les académiciens vétérans.

XXXVII.

L'Académie pourra se choisir un imprimeur, par lequel elle fera imprimer et distribuer ses ouvrages, et il en sera envoyé un exemplaire à tous les membres de l'Académie.

XXXVIII.

Au décès de chaque membre de l'Académie, il sera fait pour lui dans l'église collégiale de Saint-André un service auquel assisteront cinq commissaires nommés par l'Académie.

Si Donnons en mandement à nos amés et féaux les gens tenant notre cour de Parlement de Grenoble, et à tous autres nos officiers et justiciers qu'il appartiendra, que ces présentes ils aient à faire régistrer, et le contenu en icelles faire garder et observer ponctuellement : car tel est notre plaisir ; et afin que ce soit chose ferme et stable à toujours, Nous avons fait mettre notre scel à cesdites présentes. Donné à Versailles au mois de mars, l'an de grace mil sept cent quatre-vingt-neuf, et de notre regne le quinzieme. *Signé* LOUIS, *Et plus bas*, par le Roi Dauphin. Puiseguer *Visa*, Barentin.

Sur la requête présentée à la cour par le Procureur-Général, tendante à ce que les Lettres-Patentes qui accordent à la Société littéraire établie à Grenoble, le titre d'Académie Delphinale, augmentent le nombre de ses membres, lui permettent de faire imprimer ses ouvrages, et prescrivent les règles auxquelles elle sera tenue de se conformer.

Vu par la Cour lesdites Lettres-Patentes données au mois de mars de la présente année, ladite requête délibérée au Parquet le trois avril dernier.

La cour, les chambres assemblées, ordonne que lesdites Lettres-Patentes seront enregistrées au greffe de la cour, pour être exécutées selon leur forme et teneur, sauf en ce qui concerne l'exclusion prononcée par l'art. XXX desdites Lettres-Patentes, au sujet des personnes attachées à des corps réligieux ou à des congrégations, et à la charge que ladite Académie s'assemblera incessamment pour délibérer au sujet de la fixation du jour auquel seront tenues les assemblées ordonnées par l'article XXVIII desdites Lettres-Patentes, et qu'en exécution de l'article XXXVII desdites Lettres-Patentes, ladite Académie ne pourra se choisir un imprimeur que parmi ceux qui sont approuvés dans cette ville. Fait en parlement le six juillet mil sept cent quatre-vingt-neuf. *Signé* La Forte.

A GRENOBLE, DE L'IMPRIMERIE ROYALE. 1790.

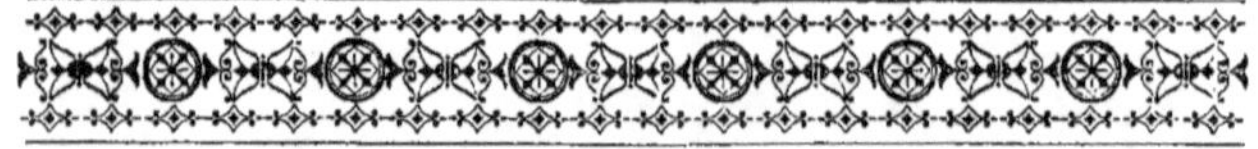

NOMS *de Messieurs de l'ACADÉMIE DELPHINALE,*
suivant l'ordre de leur réception.

ANNÉES de leurs RÉCEPTIONS.	ACADÉMICIENS ADMINISTRATEURS.
1772.	M. De la Grée, *Procureur Général à la Chambre des Comptes.* M. Barthelemy, *Chanoine de la Cathédrale.* M. Michon, *Chanoine de Saint-André.* M. D'Yse, *Conseiller au Parlement.* M. Gagnon, *Médecin, Secrétaire perpétuel.* M. Bovier, *Négociant.*
1773.	M. Prié. M. Renauldon, *ancien Ingénieur des Ponts et Chaussées.* M. De Veronne, *Président à la Chambre des Comptes.* M. Binelli, *Inspecteur des Mines.* M. Rays, *Chanoine de Saint-André.*

1775.

M. le Comte de Bailly, *Maréchal-de-Camp*.

M. l'Abbé Ducros, *Bibliothécaire*.

1782.

M. le Marquis de Belmont, *Lieutenant-général des armées du Roi*.

M. De Garnier, *Conseiller au Parlement*.

M. Prunelle de Lierre.

M. Barthelemy d'Orbane, *Avocat*.

1783.

M. D'Hugues de la Garde, *Président à la Chambre des Comptes*.

1786.

M. Villars, *Médecin de l'Hôpital Militaire, Professeur de Botanique*.

M. Savoie de Rollin, *Avocat général au Parlement*.

M. De Barral de Montferrat, *Président au Parlement, Maire de Grenoble*.

M. Jourdan, *premier Secrétaire de l'Intendance*.

M. Schreiber, *Directeur des Mines de Monsieur*.

1788.

M. Mounier, *Secrétaire des Etats de Dauphiné*.

M. Achard de Germane, *Avocat*.

M. De Vidau d'Anthon, *Conseiller au Parlement*.

M. de Courtois-Minut, *Doyen de l'Eglise de Grenoble, Vicaire général du Diocèse, Président*.

1789. {

M. De Langon, *Maréchal de Camp.*

M. De la Boissiere, *Avocat général au Parlement.*

M. Duchesne, *Avocat.*

M. l'Abbé Gatel.

M. De Pina de Saint-Didier.

M. Gautier, *Notaire.*

M. le Marquis de Viennois.

M. de la Salcette, *Conseiller au Parlement.*

M. le Chevalier du Bouchage, *Officier au Corps Royal du Génie.*

M. Lemaistre, *Avocat.*

M. Piat-dès-Vial, *Avocat.*

M. Savoye, *Chanoine de la Cathédrale.*

ACADÉMICIENS VÉTÉRANS.

M. Simonard, *Vicaire général du Diocese de Beley.*

M. Davaux, *instituteur des enfants de France.*

M. Faure de Beauregard, *Avocat.*

ASSOCIÉS LIBRES.

M. De la Bove, *Intendant de Dauphiné.*

M. De Tardivon, *Abbé général de Saint-Ruf, Président de l'Académie de Valence.*

M. D'Aumont, *premier Professeur en Médecine à Valence.*

M. De Rozieres, *Officier au Corps Royal du Génie, Secrétaire Perpétuel de l'Académie de Valence.*

M. Dupuy de Borde, *Professeur de Mathématiques, à Valence.*

M. Sablieres la Contamine, *Médecin de Romans.*

M. Duvaure, *à Crest.*

M. Menuret, *Médecin, à Paris.*

M. De Genton, *Officier, au Cap François Isle Saint-Domingue.*

M. Chaix, *Prieur des Baux, dans le Gapençois.*

M. Charmeil, *Chirurgien-Major de l'Hôpital Militaire, à Metz.*

M. le Commandant de Dolomieu, *de l'Académie Royale des Sciences.*

M. le Comte de Virieu.

M. l'Abbé Rozier, *à Lyon.*

M. De Bournon, *Lieutenant de MM. les Maréchaux de France, à Metz.*

M. Dausse, *Ingénieur en chef des Ponts et Chaussées, à Paris.*

M. De Lacoche, *Officier au Corps Royal du Génie, dans le Haut-Dauphiné.*

M. Renaud la Gardette, *à Crest.*

M. Tourtel, *Médecin, à Besançon.*

M. Dochier, *Avocat, à Romans.*

M. Revoilat, *Médecin, à Vienne.*

M. De Saussure, *à Geneve.*

M. Tingri, *Chimiste, à Geneve.*

M. De Morveau, *à Dijon.*

M. Sage, *de l'Académie Royale des Sciences, à Paris.*

M. Smith, *Médecin, à Londres.*

M. Bernard, *Astronome, à Marseille.*

M. le Marquis de Condorcet, *Secrétaire perpétuel de l'Académie Royale des Sciences, à Paris.*

M. De Jussieu, *de l'Académie Royale des Sciences, à Paris.*

M. Thoin, *de l'Académie Royale des Sciences, à Paris.*

M. Lenoir de la Roche, *Avocat, à Paris.*

M. Mure, *Consul général de France, en Egypte, à Alexandrie.*

M. le Baron de Dietrich, *Maire de Strasbourg.*

Dom Milliere, *Bénédictin, à Dijon.*

M. Dombey, *Médecin, en Bourgogne.*

M. Pierre Moneron, *à Paris.*

M. Antoine Moneron, *à Annonay.*

M. le Commandeur de Gaillard de Poetlaval.

M. le Baron de Sainte-Croix.

M. De Landine, *à Lyon.*

M. l'Abbé Roux, *Chanoine, et Professeur, à Lyon.*

M. Roger, *Médecin, à Lyon.*

M. Pictel, *Professeur, à Genève.*

M. le Comte Mestre, *Sénateur à Chambéry.*

M. Calvet, *Médecin, à Avignon.*

M. De Servan, *ancien Avocat général au Parlement de Grenoble.*

M. De la Tourrette, *Secrétaire Perpétuel de l'Académie de Lyon.*

M. De Delay Dagier, *à Romans.*

M. Fantin des Odoards, *Vicaire général d'Embrun, à Paris.*

M. Camus, *à Lyon.*